给阅读一点时间

我们时代的阅读迷思

吴靖 著

上海大学出版社

图书在版编目（CIP）数据

给阅读一点时间/吴靖著.—上海：上海大学出版社，2016.4
（2016.12重印）
ISBN 978-7-5671-2230-7
I.①给… II.①吴… III.①阅读-研究-中国 IV.G252.17

中国版本图书馆（CIP）数据核字（2016）第052884号

责任编辑　黄晓彦
封面设计　施羲雯

给阅读一点时间

吴　靖　著

上海大学出版社出版发行

（上海市上大路99号　邮政编码 200444）
（http://www.press.shu.edu.cn　发行热线 021-66135112）

出版人：郭纯生

★

上海华业装潢印刷厂印刷　各地新华书店经销
开本 890×1240 1/32　印张 7.25　字数175 000
2016年5月第1版　2016年12月第2次印刷

ISBN 978-7-5671-2230-7/G·2091　定价25.00元

  我记得去年起草《政府工作报告》，我在听取各方意见的时候，不仅是文化界、出版界的人士，而且经济界和企业家都向我提出要支持全民阅读活动，报告要加上"全民阅读"的字样。而且还有人担忧，说现在我们国家民众每年的阅读量还不到有些国家人均的十分之一。这些建议让我深思，说明人们不仅在追求物质财富的增加，而且希望有更丰富的精神生活。*

——李克强总理

---

* 此系2015年十二届全国人大三次会议闭幕后，国务院总理李克强会见中外记者并回答记者提问时的讲话。

自　序

　　近年来，中国经济一路高歌猛进，并于2011年超越日本成为世界第二大经济体，俨然有了一番大国气象。然而，由于创新能力不足、资源短缺明显、环境污染严重、贫富差距悬殊等一系列问题，中国离真正意义上的强国还有不小的距离。更重要的是，中国在文化软实力层面没有展示出和其硬实力相匹配的东西，缺乏那种以价值观为核心的文化吸引力，这或许和上述的一系列问题有着内在的深层联系。

　　几十年前，我们只能对外出口电视机，却出口不了电视机里所播放的东西。如今，中国的电影、电视剧等文化产品的出口依然困难重重。即便我们已经在世界范围内设立了约400所孔子学院，但中国人对自己的传统文化却只是一知半解，面对外国友人的疑惑，我们或许无法说清"治大国若烹小鲜"的准确含义，难以解释东坡词句"天涯何处无芳草"中的典故，鉴赏不了王右军"天下第一行书"《兰亭序》的文书俱美，分享不出大痴道人《富春山居图》背后跌宕起伏的传奇故事……

给阅读一点时间

　　当然，对于西方文化的经典和精华，我们同样一知半解，甚至一无所知。我们所熟知的，只是西方大众文化中的一小部分，比如电子游戏、好莱坞大片、流行歌曲、体育联赛等。我们必须清醒地认识到，由于精神视野、文化自觉、整体修养、创新能力等方面的差距，我们依然将长期处于追赶的状态。或许，公民整体素质的差距造就了文明的差距。换言之，国家综合实力的差距归根到底是一国公民的整体素质的差距。

　　如果要为这种差距找到一个注脚的话，近年来备受诟病的国民阅读现状似乎当仁不让。在此，我无意列举那些令人触目惊心的数字（我会在之后详细谈及），来佐证我们的国民阅读危机到了何等深重的地步。我只想以一个普通公民的身份，谈谈我个人的亲身感受。

　　据我长期的观察，在上下班来回的地铁上，除了少数休息或聊天的人之外，大部分年轻人都拿着手机或iPad在看视频或玩游戏，也有少数人用手机看电子书，但其翻页的速度极快，可以用一目十行来形容，只有极少数人——平均一节车厢不到一个人——手捧着一本书在阅读，这种氛围让我觉得在地铁上安静地读书简直就是一种另类，感觉甚至是一种犯罪。

　　在同学聚会的餐桌上，大家都在聊着手机游戏、股票、房产、汽车等诸如此类的话题，没有人——哪怕一个人——会谈论新出版的小说、传记或回忆录，臧否历史著作或人物，或分享、推荐一本最近正在读的好书。原因很简单，大部分人已经远离阅读，书籍在他们的世界中已然遁形，即使还有人阅读，也会觉得谈论阅读和书籍让人觉得无比沉重……

　　我的心在隐隐作痛，由此我萌生了写作一本关于阅读尤其是国民阅读的书，试图通过阅读这个精神窗口来观照我们的时代，以及

自 序

当下关于阅读的迷思。但由于诸事奔忙,本书的写作一度被搁置,直到前年夏天,我在《读者》杂志上无意间读到了一篇旅沪印度工程师孟莎美的随感——《不阅读的中国人》,我才真正动笔开始写作本书。颇具讽刺意味的是,从萌生想法到提笔而作,相差的竟是别人的一记耳光!更让人尴尬的是,扇这记耳光的不是什么身份优越的西方人,而是我们有时会调侃的印度人。事实上,当我们看到印度人写出了这样的文章,拍出了《三傻大闹宝莱坞》(3 Idiots)这样的电影,办出了印度理工学院(IIT)这样的大学,我们不该再轻视这个崛起中的金砖国家。

犹记得那个酷热的夏日午后,这篇不到千字的短文被我一口气读了两遍,它犹如一剂清凉散,令我燥热的心绪逐渐冷静下来,尽管汗水依然不住地流淌(当时我正在为新居装修而奔忙)。可就在不觉合拢杂志的一瞬间,我才猛然意识到,这不是冷却,也不是凉爽,而是彻骨的悲凉——灼肤的炙热与彻骨的悲凉交汇成一曲夏日午后的哀歌,在我疲倦的脑海中不断盘旋⋯⋯

《不阅读的中国人》全文如下:

> 我坐在从德国法兰克福飞往上海的飞机上。正是长途飞行中的睡眠时间,机舱已熄灯,我蹑手蹑脚地起身去厕所。座位离厕所比较远,我穿过很多排座位,吃惊地发现,我同时穿过了很多排ipad——不睡觉玩ipad的,基本上都是中国人,而且他们基本上都在打游戏或看电影,没见有人读书。
>
> 这一幕情景一直停留在我的脑海里。其实在法兰克福机场候机时,我就注意到,德国乘客大部分是一杯咖啡、一份报纸、一本书,或者一部kindle、一台笔记本,安静地阅读或工作。中国乘客中也有阅读和工作的,但不太多——大部分人或

给阅读一点时间

者在穿梭购物，或者在大声谈笑和比较价格。

中国是一个有全世界最悠久阅读传统的国家，但现在的中国人却似乎有些不耐烦坐下来安静地读一本书。一次我和一位法国朋友一起在虹桥火车站候车，这位第一次来中国的朋友突然问我："为什么中国人都在打电话或玩手机？没有人看书！"

我一看，确实如此。人们都在电话上（大声谈话），不打电话就低头写短信、刷微博或打游戏——或喧嚣地忙碌，或孤独地忙碌，唯独缺少一种满足的安宁。在欧洲，火车的速度也许已经没有中国快，火车站的现代化程度也许不再领先，但大部分人是在阅读中度过等待的时间的，即使打电话也是轻声细语，生怕吵到了身边乘客宁静的阅读。

当然，我知道中国人并不是不读——很多年轻人几乎是每10分钟就刷一次微博或微信，从中获取有用的信息。但微博和微信的太过流行也让我担心，它们会不会塑造出只能阅读片段信息、只会使用网络语言的下一代？

真正的阅读是指，你忘记周围的世界，与作者一起在另外一个世界里快乐、悲伤、愤怒、平和。它是一段段无可替代的完整的生命体验，不是那些碎片的讯息和夸张的视频可以取代的。

当然，网络侵蚀阅读是一个全球化的现象，并不只是中国才有。但有阅读习惯的人口比例在中国庞大的人口当中，显得尤其稀少。我其实更想说的是，当下的中国，缺少那种让人独处而不寂寞、与另一个自己——自己的灵魂——对话的空间。生活总是让人疲倦，我们都需要有短暂的"关机"时间，让自己只与自己相处，阅读，写作，发呆，狂想，把灵魂解放出

自 序

来,再整理好重新放回心里。

或许我们对于一个经济还在迅速发展的发展中国家不应过分苛责——过于忙碌是压力所迫,并不是一种过错。但我只是忧虑,如果就此疏远了灵魂,未来的中国可能会为此付出代价。宁可慢一点,松一下……

是的,举目四望,这个文明延续最悠久国度的公民——尤其是青年人(包括大学生),他们中的许多人竟是以打游戏、玩手机、刷微信或看视频的方式度过闲暇的,浑浑终日。即便在每天拥挤的地铁上,这样的场景已不断复现,但直至我读罢此文,方才有了彻骨之悲、切肤之痛。没错,一个天竺人道出了中国与发达国家真实的文明差距(国民素质比人均GDP更真实地反映了这一点),甚至连印度人都为我们的阅读缺席感到深深的忧虑,尽管她在行文时最大限度地保持了委婉的语气。

是的,一个同为东方古国的印度人在为中国担忧(尽管不少网友认为她更该为印度担忧),担忧我们最终行而不远,却又离自己渐行渐远。而我们中的许多人,却还在自我陶醉和自我麻醉的交替沉沦中不知不觉,任由这条与生命对话的心灵之河渐趋干涸。或许有一天,我们将变成只会动手指而不知思考,只有支离破碎的语言而不懂表达的怪物。正如尼尔·波兹曼(Neil Postman)教授在《娱乐至死》(*Amusing Ourselves to Death*)一书中的预言:可能成为现实的,不是奥威尔(George Orwell)的预言,而是赫胥黎(A.L.Huxley)的预言——我们将毁于我们热爱的东西。要知道,当年的电视文化正是阅读文化的杀手。而今,更高级的杀手已大杀四方。

是的,我们中的许多人已被手机、iPad等移动终端所绑架,我

给阅读一点时间

们每天晚上睡觉前手中依依不舍的是手机,每天清晨睁开眼第一个摸索的依然是手机。甚至在朋友聚会上,不少人宁愿和手机另一端的人私信,也不愿和许久没见面的老同学聊上几句。我们似乎知道得很多,却懂得很少,因为浩瀚的信息和资讯淹没了知识,取代了思考,也遮蔽了智慧。更糟糕的是,我们已经不知道该如何独处了,在远离书籍和阅读之后,我们失去了与自己的灵魂对话的机会和能力。甚至有些人只是过着一种动物性的生活,在吃喝玩乐中惶惶终日,在痛苦和无聊的"叔本华钟摆"间来回摇摆,他们所丧失的是智性和灵性的光辉。

一百年前,鲁迅先生写尽了吸食鸦片惶惶终日或争看同胞被砍头的中国人身上的劣根性。而今,中国人似乎已脱胎换骨,我们以一个大国公民的姿态雄踞世界的东方,但我们务必要保持清醒的头脑,绝不能狂妄自大。

面对这样的文字,有人或许会问:为何一个印度人会对中国人"不阅读"的现状如此不解乃至担忧?管你印度人什么事?这般景象在我们看来再正常不过了,在地铁或飞机上捧着本书倒显得不太正常呢!难道印度人在候机大厅或飞机上不玩手机、不刷微信、不看视频?他们都在阅读?至于欧洲人嘛,他们真有那么喜爱阅读吗?还是他们故作文雅?如果是前者的话,他们怎么能享受如此枯燥的行为(只有文字,而没有其他刺激感官的媒介),难道阅读比玩游戏、看视频更吸引人?不可思议!在如此一连串疑问之后,我们通常会这样自我安慰:中国人毕竟和欧洲人不同嘛,我们有自己的生活方式,至于印度,呵呵,比中国落后多了,不足为谈。要知道,中国已经是世界老二了,阅不阅读有何关系,周围的人不都在玩游戏、刷朋友圈、看视频吗?!娱乐至死?去他妈的!

对于习惯了网络生活的人而言,像以上这样的评论,如果出现

自序

在一个帖子的留言区,是最稀松平常之事。我想说,网络确是反腐和民主的利器,却也在很大程度上导致了整体的平庸,甚至于堕落。事实上,就整个网络空间而言,它是一个理性高度稀缺的场所。在民主的旗帜下,精英和盲流说话的分量似乎是一样的,一句真理往往淹没在了一百万句废话、蠢话或谎话之中。因此,如果只是一味地拥抱网络文化而远离书籍文化和阅读文化,我们必将付出沉重的代价。进而思之,就我们的愿景而言,令人堪忧的阅读现状和阅读生态将阻碍中国迈向创新型发达国家的行列,也无助于我们构筑一个具有高度文明、有地位、有尊严的大国梦想。因此,阅读不只是个人精神生活的大事,更是国之大事、民族之大事。

中国古语云:"当局者迷,旁观者清。"一个印度工程师公开表达了她对中国人阅读缺席的深切忧思,该文在互联网以及杂志、报纸等纸质媒体上被大量转载,对于国人而言,这无须视为嘲讽或耻辱,毋宁作为一个友善的提醒。我将以孟莎美短文作为省思阅读的逻辑起点,来反思和回应我们时代关于阅读的困惑与迷思,诸如:中国人均阅读量不及日本的1/10,这是真的吗?忙死了,没空读书,时间都去哪儿了?有了百度知道,还要书本干啥呢?天天看微信、刷朋友圈,凭什么说我不阅读?家长自己玩手机,却扔本书给孩子读,岂有此理?作者本人也看不懂标准答案,我们的语文教育怎么了?阅读立法真的能拯救我们的阅读吗?……

西哲苏格拉底(Socrates)曾说:"未经省思的人生不值一过。"幸运的是,阅读恰好提供了我们一个省思生命和自然、人文与技术、人性与永恒的精神宇宙,为我们思索、找寻人生的意义根植了最深厚的土壤。

归根到底,阅读是一种个体行为,是一个人在面对宇宙和人生时的美好姿态。不同于任何一种瞬息万变的流行时尚,阅读是人类

给阅读一点时间

永恒的生活方式。人毕竟高于动物,正因"人总是要有一点精神的",在这个众人奔忙、物欲横流的时代,还是要留一点时间给我们的阅读、书籍和精神生活,让知识生根,让思想启蒙,让想象飞翔,让智慧萌发,让心灵的花朵在纸页间绽放、在书香中永驻。

是为序。

吴　靖
乙未年冬日于海上博雅斋

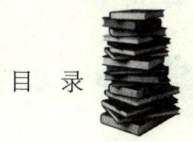

目 录

目 录

1 当我们谈论阅读时我们在谈论什么 /1

阅读还是反阅读,这是个问题 /3
与狄俄尼索斯喝一杯 /6
孤身一人的对话 /10
一千个哈姆雷特 /15
如是我阅:神镜or魔镜 /20

2 不能承受的阅读之殇 /25

数据背后的真相 /27
"三媚"当道:经典阅读的失落 /41
读图时代:图像对文字的胜利 /54
独立书店:不该消逝的风景 /62
时间都去哪儿了 /73

3 网络阅读:或止于浏览 /83

工具塑造思维:苏格拉底与柏拉图的两种文化 /85
注意力悖论与深度阅读的终结 /94

给阅读一点时间

搜索取代记忆：修养飞上了云端/102
伤不起：一个微博大咖的自白/108
被高估了的电子书/115

4 教育之痛：阅读兴趣是如何被扼杀的/123

低龄化电子依赖的隐忧/125
稀薄的家庭阅读氛围/134
教科书，还是教科书！/145
"尸检式"的语文教育/156
Captain, My captain!/167

5 国民阅读的余思/177

俄罗斯：一个国民阅读的经典样本/179
阅读立法的能与不能/189
国民阅读与文化软实力/200

1 当我们谈论阅读时我们在谈论什么

> 我相信就其本质而言,阅读是一个在全然的孤独之中,仍令人心满意足的沟通奇迹。
>
> ——[法]马塞尔·普鲁斯特

阅读还是反阅读，这是个问题

不得不说，我每天上下班所乘坐的地铁，是个观察众生的好场所。有人呼呼大睡，有人木木发呆，有人热烈聊天，有人卖唱行乞，还有人贴小广告……当然，如你所知，最整齐划一的行为，莫过于大多数人——尤以青年人为主——都捧着一部手机，或看视频，或玩游戏，或刷朋友圈，或浏览资讯……但重点是，极少有人看书。有一次，我看到一个带着小孩的妈妈靠在车厢一角看书，顿觉欣慰，定睛一看才发现是一个老外。

事实上，这种现象不仅仅发生在地铁车厢，在我们目所能及的任何公共场合，每天都上演着相似的剧本。手机将每一个人都伪装成阅读者，但真正的阅读者却寥若晨星。当然，很少人在意这一切，手机似乎有一种能让人灵魂出窍的魔力，即便是偶尔安静地躺在某个角落的时刻，它也会成为我们意识底景的一部分，让我们有一种随时想要去够的冲动。如果一个人突然发现手机不见了，保准他会像是丢了魂儿似的。

或许在某个特殊的时刻，我们中的某个人会自问一句：这样真的好吗？答案有可能是否定的，如果我们能脑洞大开一回：试想有一天，大部分人都摒弃了早中晚的三顿正餐，而以不时地进食各种零嘴为生，将是怎样的一种景象？！更不可思议的是，竟有一些人不停地嚼着口香糖，不一会儿就一口吐掉，然后又塞一块进嘴

里……不断重复着这样的行为。那少数的正常人必是睁大了双眼，表现出无比的惊恐、错愕乃至不屑，有人甚至会喊道："看看，这些人竟这样过活，真是疯了啊！"对于我们的精神生活而言，以上的景象并不来自某部超现实主义的小说或电影，而正是略带残酷的现实，正如费尔巴哈的名言：人就是他所吃进去的东西。

当然，对于那些从不吃正餐的零食者来说，这从来都不是问题。相反，他们会略带愤怒地说道："少管闲事，我不是活得很好嘛？！"无疑，你不能断言他将会生病甚至死去，因为历史的经验告诉我们，即使是啃树皮，也有可能存活下来。我想说的是，作为一种未发育成熟的表现，小孩大都喜爱零食更甚于正餐，而在我们的精神生活领域，恰恰体现了这种"反智主义"的倾向，这种倾向经由移动终端——以手机为代表——进一步放大和蔓延，成为了当下时代的主要特征之一。

是的，这是一个知道分子的时代，知识分子在公共生活中几近隐遁，取而代之的则是众人念兹在兹的"百度知道"（尽管"血友病贴吧事件"让这一神话蒙上了一层阴影）。由于互联网和即时通信技术的发达，我们的生活呈现出前所未有的碎片化，以往的整体性和连续性已荡然无存。许多人的生活中充斥着私信的提示音、公众号的未读提醒、朋友圈的最新讯息以及名目繁多的APP应用（及其所承载的视频和图文信息），如此等等。按照一天所接触的信息量，人人都称得上是"饱读之士"。然而某一天，我们突然间发现自己成了那个得知道最多而懂得（思考）最少的人，每天只是无根地漂流在过眼云烟的信息汪洋之中。

老子有言：少则得，多则惑。面对浩如烟海的信息和资讯，许多人渐渐产生了选择的焦虑，甚至有人需要把微信公众号上的未读提醒全部点掉，才换得一丝快慰之感，但究竟读了多少，恐怕是少

之又少。同时，由于技术、思维和生活方式的交互影响，基于移动终端的各类资讯就要尽可能的简短，以抢夺极度稀缺的注意力资源，应对越来越碎片化的时间。因此，各类惊悚唬人的标题党、庸俗化的心灵鸡汤、猎奇八卦的明星轶事，乃至暴力、色情信息等大行其道，在"劣币驱逐良币"的规律下，许多有价值的内容往往沦为边缘性的存在。

更糟糕的是，长期的碎片化阅读彻底改变了我们的大脑，许多人似乎都患上了一种名为"慢性注意力分散症"的隐疾。最明显的事例莫过于，越来越多的人发现自己再也阅读不了长篇幅的文章了，深度阅读中最关键的专注能力在许多人身上已丧失大半。曾有一位朋友向我坦言：他再也读不了《战争与和平》这样的书了，甚至连续看上三四篇博文都觉得内容太多。对此，美国科技作家尼古拉斯·卡尔（Nicholas G. Carr）有过一个精妙的比喻："以前，我戴着潜水呼吸器，在文字的海洋中缓缓前进。现在，我就像一个摩托快艇手，贴着水面呼啸而过。"正当我们享受着呼啸而过的快意时，阅读的本质也被我们远远地抛在身后了。

因此，如果一个人只有碎片化阅读，那么与真正的阅读相比，前者就成为一种"反阅读"——它使人误以为自己利用了碎片化的时间，其实却陷入了一种更体面、更坦然的浪费时间的误区；它使人误以为自己在阅读，其实却在做着一件与真正的阅读本应达到的目的完全相反的事情。或许，这便是属于我们时代的最大阅读悖论，套用哈姆雷特著名的自诘：阅读还是反阅读？这是个问题！

那么，什么才是真正的阅读呢？

 给阅读一点时间

与狄俄尼索斯喝一杯

现代脑科学的研究表明,阅读是一个认知和语言交互的复杂生理—心理过程,其中包含极为复杂的神经反射过程。除了认知,阅读还需要情感、意志、求知欲等因素的参与(亦即现代心理学所谓的"知、情、意")。换言之,阅读需要高度的身心投入。反而言之,身心疏离,则主体崩塌,阅读消亡。

阅读之为阅读,正因为它是一种身心的沁入——我们总是需要时不时地找酒神狄俄尼索斯(Dionysus)喝上一杯,以进入另一个神奇的宇宙,体验那一份沉醉的感觉。无疑,这其中就包含着美国心理学家亚伯拉罕·马斯洛(Abraham H. Maslow)所谓的"高峰体验"(peak experience)。

没错,当你在真正阅读之时,你就慢慢进入了一种个人和文本建构起来的特殊氛围之中(阅读的媒介也参与了这一氛围的建构),进入了另一个世界。在此一过程中,你暂时忘却了身边的人和事,抛掉了烦恼和忧愁,全然沉浸在狄俄尼索斯的世界。想必,许多人都有这样的生命经验。

在此,我既描述了一种感觉,也描述了一种能力,它被现代人称之为"专注"(absorption)。这是一种强大而奇妙的感受,在阅读这一行为中体现得淋漓尽致——或许你某次在车站的某个角落,

曾看到一个小男孩在激动地念着《哈利波特与混血王子》(*Harry Potter and the Half-Blood Prince*),他彼时正完全沉浸在一本书之中。正如美国作家加拉格尔(Winifred Gallagher)所言:

> 专注可以让你获得酒神狂欢式的体验,在旧时代人们用一个美好的词"入迷"来形容这种体验——完全被吸引,专心致志,全神贯注,也许甚至"魂儿都被吸进去了"——它会带来生命中最深的快乐。在学者的书房,在木匠的车间,在爱人之间的牵绊中,都有这种快乐。

无疑,身心沁入的状态有助于培养人的专注力,反之亦然,它帮助我们获得"酒神狂欢式的"的生命体验——一种完美的幸福感、一种深沉的满足感,它是阅读这一"圆形闭合环路"中的第一步,或许也是最关键的一步。英国著名诗人奥登(W.H.Auden)在组诗《教规时节》中精彩地描述了这种幸福的状态:

> 你不需要凭一个人在做什么
> 来了解他是不是在度假,
> 你只需要看他的双眼:
> 厨师配置酱汁,
> 外科医生划下细微的切口,
> 职员填写提货单,
> 他们都有同样入迷的眼神,
> 全身心投入一件事物。
> 那种目中无他物的神情
> 是多么美妙啊!
> ……

给阅读一点时间

忘记吃午饭,
为了做出第一块薄石片的人;
坚持独身,
一心收集贝壳的人。
要不是他们,
哪里会有今天的我们?

　　奥登在这首诗中没有选择其他意象,而唯独选择了"眼神"(双眼)。如你所知,眼睛正是西方圣哲探究阅读时的原点。更精彩的是,奥登在此诗的结尾处将"专注"与人类文明紧紧地联结在一起,这是审视阅读和文明关系的一个注脚,我们试图沿着奥登所指的方向来寻觅一些双目有神的人。

　　近代人物中,最符合奥登那个"做出第一块薄石片的人"的形象的,要数英国激进派代表人物、散文作家威廉·科贝特(William Cobbett)。作为工人的儿子,他少年时期曾在里士满(Richmond)附近的一个大庄园做园丁。某天,休假的他打算去国家植物园看看,不过在半路上,他在一家书店的橱窗里看到了一本乔纳森·斯威夫特(Jonathan Swift)写的《一只桶的故事》(*A Tale of a Tub*),定价三便士。他用身上仅有的三便士买下了那本书,然后立刻沉浸其中——虽然书中的很多引经据典之处他都似懂非懂,一直看到天色太暗,看不清字他才罢休,完全没注意到肚子已经饿得发痛。

　　后来,他把那个时刻称为"智力的新生":从斯威夫特的讽刺作品中,他找到了社会良知的典范,以及对各种残酷行为的愤怒,而且他还看到了文字在抒发和表现这些愤怒方面起到的作用。在他读这本书的时候,书的强大魅力使他无视饥饿和黑暗的存在。他

"入迷"了,任何一个经过他身边的人,都能认出他那种"目无他物"的神情。

而在回忆录《读书毁了我》(Ruined by Reading)中,美国作家施瓦茨(L.S.Schwartz)记录了她第一次阅读的经历:

> 我以为阅读能够改变我的人生,或者说至少能教会我怎么生活。它的确教给了我一些东西,很多东西,但是并不是当时幼稚的我所期待的那些东西……如果不是阅读毁了一个女孩,它也就不会拯救一个女孩了。

这里的"毁灭"与"拯救"包含了阅读对施瓦茨人生脱胎换骨的影响,是一种生生死死的刻骨记忆。而随后的一段话更是包蕴着令人极为动容的东西,因为她道出了阅读的真谛:

> 阅读教给我们的,第一条也是最重要的一条,就是怎样安静地坐上很长时间,并且正视这段时间。我们充满活力、全身心投入这种令人兴奋的精神活动中,忘记了时间,忘记了死亡,也忘记了生命中那些不快和痛苦,完全沉浸在永恒的现在和此刻的快乐当中……阅读给人一种体验的情境,像金字塔一样的氛围。

 给阅读一点时间

孤身一人的对话

世人皆知马塞尔·普鲁斯特（Marcel Proust）的皇皇巨著《追忆似水年华》（*Remembrance of Things Past*），却不曾知晓他早年曾写过一篇随笔，名为《论阅读》（*On Reading*），正是它奠定了普氏全部创作的思想和基调。寥寥几笔，便一语中的地点出了阅读的本质：

> 一本书和一个朋友之间的根本区别，不是其或多或少的智慧，而是人们与之打交道的方式方法；与聊天相反，阅读对我们每个人来说都是在接受他者所传达的思想，读者却还是孤身一人，或曰只身前行，继续享受着孤寂所拥有的灵性之力，而这会在聊天中即刻消散；寂寂一身，便可继续随灵感游荡，让精神在自己身上发酵。……这里要求的是介入，由他者引起的介入，但在我们自己身上发生；这是一种来自他者的刺激，却只能在孤寂中领受。显然，这正是阅读的定义，并只适合于阅读。

此处，天才的普氏向我们展示了阅读所具备的这种极为罕见的奇妙特质——一种在孤独和交会之间的动态极化。阅读，是一种孤独中的对话——或许这正是阅读最大的魅力所在。

当我们谈论阅读时我们在谈论什么

《辞海》对"孤独"的定义是:独自一个人;孤单。这描述了一个人孑然一身的状态。人在阅读时就是这样一种状态。试想,有谁阅读之时不是一个人呢?几个人阅读一本书的情景,或许只在孩童争看连环画时出现过。没有人会否认,孤独既是一种状态,也是一种感觉。但是,许多人都会有这样的经验:即使你身边有一群人,你依然会觉得孤独。所以古罗马政治家、演说家加图(Cato Maior)所言不虚:"我什么都不做的时候最为活跃,我独自一人的时候最不孤独。"因此,《辞海》所定义的孤独只描述了外在的状态,而忽略了内心的感觉。

所幸的是,加拿大哲学家菲利普•科克(Philip Koch)在《孤独》(Solitude: A Philosophical Encounter)一书中对此作了精彩绝伦的阐述。他认为,孤独是一种完全没有别人涉入的状态,可以是人多时,更容易是在一个人的时候。当然,完全的孤独是很难的,即便是独处一室的狱囚。他补充道:有局部的涉入的孤独仍不失为一种孤独,无论是感官、认知、情绪或行动上。阅读时常常呈现这样一种状态:我们一边看着字里行间,沉浸其中;一边又会产生反思、联想甚至幻想,思绪飘远,神游象外。交会与孤独就这样在时间的光影中微妙地转换,构成了大脑中的奇妙图像。

因此,真正的阅读必有孤独感。换言之,完全被作者牵着鼻子走的阅读也就不成其为阅读了,正如弗吉尼亚•伍尔夫(Virginia Woolf)的忠告:"独立性是读者所拥有的最重要的品质。"是的,真正的孤独意味着自由,而自由是阅读的核心要素。哲人周国平曾在散文《人与书之间》中写过一段令人难忘的话:

> 读书犹如交友,再情投意合的朋友,在一块耽得太久也会腻味的。书是人生的益友,但也仅止于此,人生的路还得自己

给阅读一点时间

走。在这路途上,人与书之间会有邂逅,离散,重逢,诀别,眷恋,反目,共鸣,误解,其关系之微妙,不亚于人与人之间,给人生添上了如许情趣。

人生终究是孤独的,阅读时的孤独岂不恰恰印证了人生的孤独?是的,孤独是人生的底色,也是阅读的底景。真正的阅读,可以发生在喧嚣的人海,也可以在冷峻的荒漠;可以在灯红酒绿的闹市,也可以在月影婆娑的孤岛。无论周围有多少双眼睛,无论声音有多么嘈杂,真正的阅读注定孤独。

渐渐地,飘远的思绪收束回来,我们再次回归文本——出发是为了更好的回归。伴随着一种深沉的孤独感,我们经由文本与作者进行各种对话。这种对话可能是平和的,也可能是激烈的;可能是幸福的,也可能是疲惫的;可能是深深的欣赏和信服,也可能是强烈的质疑和蔑视。正如作家、心理咨询师毕淑敏在《阅读是一种孤独》中所写:

> 当合上书的时候,你一下子苍老又顿时年轻。菲薄的纸页和人所共知的文字只是由于排列的不同,就使人的灵魂和它发生共振……阅读的时候,我们不断同书的作者争辩。我们极力想寻出破绽,作者则千方百计把读者柔软的思绪纳入他的模具。在这种智力的角斗中,我们往往败下阵来。但思维的力度却在争执中强硬了翅膀。

没错,作者在努力塑造着读者的涵养和品位,而读者也在试图给出自己的理解和阐释,甚至对其中的观点进行质疑和反驳。无论怎样,只要基于自由和理性,都不会影响对话的品质。当然,对话并不意味着排斥学习,而是一种带着省思的学习。

正所谓"尽信书,不如无书",阅读中的对话不是随声附和,亦不是无病呻吟,而是双方知识和文化的碰撞,阅历与修养的交锋。或争辩,或激赏,或沉思,或狂喜……无论如何,都是一种生命体验的真情流露,一份心智角力的真实记录。是的,沉默的凝思、会心的微笑也是一种对话——因为(心智的)沉默是对话的一种形式。当两人有了心有灵犀的默契,才能享受那片刻沉默的欢愉。要知道,这可是阅读中的至高境界。

作为爱书人,散文大家周作人可谓阅读的个中高手,在其杂文集《风雨谈》的小引中,他记述了这样的阅读体验:

> 我取这《风雨》三章,特别爱其意境,却也不敢冒风雨楼的牌号,故只谈谈而已,以名吾杂文。或曰,是与《雨天的书》相像。然而不然。《雨天的书》恐怕有点儿忧郁,现在固然未必不忧郁,但我想应该稍有不同,如复育之化为知了也。风雨凄凄以至如晦,这个意境我都喜欢,论理这自然是无聊苦寂,或积忧成病,可是也"云胡不喜"呢?不佞故人不多,又各忙碌,相见的时候颇少,若是书册上的故人则又殊不少,此随时可晤对也。

在此,周作人与各位作者的对话闲淡恬愉,却又深情款款,可谓神聊,并在不经意间道破了阅读的一大妙处:那就是这种孤独的对话可以摆脱时空的羁绊,横行无阻,穿越古今,贯通中西。你可以和柏拉图共同构建理想国,和莎士比亚相约欣赏悲剧,和爱因斯坦一道探讨相对论,和纳兰容若结伴学作古典诗词……

阅读作为一种孤独的对话,极大地拓展了个体在尘世有限的生命经验,让过去、现在和未来得以交汇,让世界各民族的伟大思想得以交锋,让无数的历史片段、宇宙真理、人性善恶、世间百态经

给阅读一点时间

由我们的双眼一一呈现，并提供了多种理解和阐释的可能。试想，如果没有阅读，我们可能将一辈子都无法触及那些真实的存在；而我们的文明，也将变得难以想象的野蛮与落后。

难怪卡尔维诺（I.Calvino）在小说《寒冬夜行人》（*If on a Winter's Night: A Traveler*）中曾发出这样的感叹："阅读意味着接近一些将会存在的东西。"

当我们谈论阅读时我们在谈论什么

一千个哈姆雷特

1984年,叙利亚的特尔布拉克出土了两小块略带长方形的泥刻写板,其制造年代可推至六千年前,这两块刻写板的容貌与通常地下出土的精美艺术品相去甚远:仅在靠近顶部处有一个小小的凹洞,中央部分刻着一个模糊的条状动物,仅此而已。其中一只动物或许是山羊,另一只或许是绵羊。

然而,考古学家告诉我们:"凹洞代表'10'这个数字……我们的一切历史可能皆以这两片不起眼的刻写板为肇端。"实际上,当考古学家凝视它们的时候,阅读就开始了。在这种孤独的对话中,读者创造性地进行解读,其中的答案之一是:10只山羊和10只绵羊!无论此种答案是否准确,都代表了阅读者一种思考的姿态,一种探索的精神。显然,要得出这一结论,仅凭幻想是远远不够的,毕竟考古学家的工作靠的不仅仅是想象力。正如英国神经心理学医生莫林·威特洛克(Maureen Whitlock)的发见:

> 我们不仅阅读它,还为它建构出一种意义。

请注意"建构"这个词,这个建筑学的词汇原指建筑起一种构造,是对结构(力的传递关系)和建造(构件的相应布置)逻辑的表现形式。建构既不是无中生有的虚构,亦不是建筑构造的唯一定

案,而是一种从结构和建造间找到的系统。而阅读,正是从文本间构建的系统。

因此,阅读不仅是对话,更是一种基于文本的再创造。读者与作者的关系,类似于演奏家和作曲家的关系,伟大的演奏家往往能发掘出作品的深层内涵,并进行创造性的发挥,不同的演奏家弹巴赫(J.S.Bach)的《哥德堡变奏曲》(*Goldberg Variations BWV988*)——被公认为音乐史上作曲技巧所构成的建筑结构最为恢宏、微妙的变奏曲,其节奏、触键、音色、表情等,给人的感受往往不尽相同,就连同一位演奏家在不同时期演奏的《哥德堡变奏曲》也迥然不同——以钢琴怪才格伦•古尔德(Glenn Gould)为典型代表。因此,演奏也被称为二度创作。

如前所述,当我们阅读时,我们的认知、情感、意志、品位、经验等会与文本的段落、章句产生奇妙的联结,并在这一复杂的生理—心理过程中为文本建构出属己的意义。无论是诗歌、历史、小说,还是哲学、科学、经济,任何文本的阅读都不例外。千万不要以为严谨的科学文本的阅读不存在意义的建构。否则,当爱因斯坦读到牛顿爵士的大作《自然哲学的数学原理》(*Mathematical Principles of Natural Philosophy*)时,就应该怀着焚香顶礼的心情,亦步亦趋地追随与歌颂。

事实却是,爱因斯坦阅读科学文本有着极大的批判性和再创造性。三百多年后,这个瑞士联邦专利局的小职员以他的相对时空观推翻了牛顿的机械时空观,创立了狭义和广义相对论,将一代男神牛顿拉下了神坛,也从此开启了人类文明的新纪元。当然,作为一种再创造,谁都不必怀疑,文学阅读最具代表性,因为文学即人学——人性中包含的无限丰富性经由(多义性的)语言的载体传递给千差万别的读者时,其中具有的可阐释性就呈现多元化倾向,无

论是小说、戏剧还是诗歌。

在此,不得不提德国美学家、接受美学的创立者汉斯·罗伯特·姚斯(Hans Robert Jauss)。他关键性地区分了文学文本和文学作品这两个不同性质的概念:文本是指作家创造的同读者发生关系之前的作品本身的自在状态;作品是指与读者构成对象性关系的东西,它已经突破了孤立的存在,融会了读者即审美主体的经验、情感和艺术趣味的审美对象。

姚斯开创性地指出:文学作品之所以能引起读者的再创造,是因为其存在"召唤结构"(response-inviting structure),它使读者并不是被动地、消极地接受作品和作品中的艺术形象,而是根据自己的生活经验、形象记忆和情绪记忆,对作品和作品中的艺术形象总有自己的加工、改造、补充和拓展。在此基础上,姚斯提出了他著名的论点:

> 一个作品,即使印成书,读者没有阅读之前,也只是半成品。

循着姚斯这种接受美学的观点,我们就不难理解那句著名的格言:一千个读者就有一千个哈姆雷特。是的,数百年来,哈姆雷特这一人物形象在不同读者的眼中千差万别:或自我中心,或神秘无常,或思想深邃,或优柔寡断,或单纯鲁莽,或狂放不羁……人性的复杂与深刻在他身上体现得淋漓尽致,难怪法国作家阿纳托尔·法郎士(Anatole France)这样感叹:哈姆雷特是属于一切时代、一切国家的。可以说,读者、作者和文本共同参与塑造了这一具有永恒意义的不朽角色。这种多义性,同样体现在鲁迅对《红楼梦》的经典评论:

 给阅读一点时间

谁是作者和续者姑且勿论,单是命意,就因读者的眼光而有种种:经学家看见《易》,道学家看见淫,才子看见缠绵,革命家看见排满,流言家看见宫闱秘事……

尽管以上种种让人颇觉可笑,但也从一个侧面体现了阅读者的学识、情感和趣味对文本意义建构的重要影响。

由此可见,阅读作为一种意义的建构,与读者的主体性关系密切。但必须注意,与作者中心、文本中心一样错误的,是读者中心,因为读者的主体性再重要,阅读仍然受到文本、作者及时代背景的制约。没错,"一千个读者就有一千个哈姆雷特",但请别忘了这话还有后半句:

但哈姆雷特不会变成李尔王。

也就是说,这种意义的建构并不是盲目而随意的,而是主观与客观的统一。就《红楼梦》而言,如果只见《易》,就偏于板滞;只见淫,则流于迂腐;只见缠绵,则失于庸俗;只见排满,则伤于附会;只见宫闱秘事,则败于卑劣。至于盛行一时的考证、索隐诸派,更是将小说欣赏引向了历史研究的歧途,此种阅读,可谓剑走偏锋,稍不留神,便易走火入魔,堕入万劫不复之境。

可以说,阅读者本身的综合素养——而不是别的什么——对于此种意义的建构起着决定性的影响。因此,《红楼梦》尽管许多人都读过,但每个人的阅读收获却可谓大相径庭。不少人以猎奇之心去读一部悲悯之书,结果是可想而知的。对于阅读而言,只有自己从中觉到悟到什么,才能转化为心智的成长。如果仅仅是浮光掠影,雁过无心,则很难从中有所觉悟,也就谈不上个人的修炼和成长了。而这觉到悟到的质和量,正体现了人与人之间的高下之分、

深浅之别。

　　当然,随着一个人学识、阅历、品位的提升,个人的觉悟也会逐步加深,这恰好印证了大哲苏轼的名言——博观而约取,厚积而薄发。一般而言,饱经风霜的老者读《红楼梦》,总会比一二十岁的毛头小伙悟出更多的东西,已过花甲的台湾美学家蒋勋解读《红楼梦》在海峡两岸引发热潮,而年轻学者则难以复制。即使同一个人,在人生的不同阶段,对《红楼梦》的阅读感受也会有深浅精粗之别,对于人生经历丰富者尤其如此。

 给阅读一点时间

如是我阅：神镜or魔镜

距雅典150公里的帕那索斯深山中，有着被誉为"世界之脐"的德尔菲神庙，其阿波罗殿前的柱子上镌刻着一句蜚声世界的神谕："人啊，认识你自己！"两千多年后，一个叫尼采（F.W.Nietzsche）的德国哲人发出了"成为你自己"的呐喊。千年易变，沧海桑田，不变的则是人类对自我的探索和趋近。毋庸置疑，人类最伟大的发明之一是文字，自此以后，阅读和文明就形成了紧密的共生关系，相辅相成，相伴相生。之于个人，真正的阅读必然是一种自我的观照，是对个体心智世界和精神世界的内观和映照，是自我摆脱蒙昧，走向文明的关键一步。

散文家余秋雨在《山居笔记》的序言中有这样一段话：

> 人生的道路也就是从出生地出发，越走越远。一出生便是自己，由此开始的人生就是要让自己与种种异己的一切打交道。打交道的结果可能丧失自己，也可能在一个更高的层面上把自己找回。

阅读，为我们迈向后一种人生的可能性提供了可能。但在现代社会中，前一种可能往往更容易成为现实：由于人与人的疏离以及社会生活的碎片化（技术的进步加剧了这种碎片化），人在对物欲

的追求中失落了自我,也迷失了方向,感到人生的虚无,正如叔本华(Arthur Schopenhauer)所言:人生不过是在痛苦和无聊之间来回摇荡的钟摆。然而,即使悲观如叔本华,也并非没有超越之道。在他看来,音乐和(经典)书籍就是两大解药。显然,叔本华是深谙阅读法门的,在文笔犀利的《论阅读和书籍》(On Reading and Books)一文中,他笔下的生命境界与痛苦、无聊风马牛不相及:

> 没有什么比阅读古老的经典作品更能使我们神清气爽的了。只要随便拿起任何一部这样的经典作品,读上哪怕是半个小时,整个人马上就会感觉耳目一新,身心放松、舒畅,精神也得到了纯净、升华和加强,感觉就犹如畅饮了山间岩泉。

是的,作品犹如一面镜子,其中所蕴含的思想和情感经由双眼照进了读者的心灵,读者既在阅读作品、阅读作者,也在阅读自己,读到的是自己的心智、情感、记忆乃至灵魂。但要"认识自己"甚至"成为自己",阅读真的是一条坦途吗?问题并没有想象的那么简单。佛家言:如实观照。关键在于"如实"两字能否兑现,否则便是虚妄。

首先是作品。要想如实我阅,镜子就得真实地映照出宇宙、自然、社会和人性的原貌。蒋勋认为《红楼梦》的伟大在于,它是古今中外最像镜子的小说。很不幸,大多数"镜子"不是放大了,就是缩小了,甚至有许多是哈哈镜——扭曲了,这正是神镜与魔镜的分野,经典与平庸的差别。

以书籍为例,在人类文明的长河中,数以千万计的书籍被书写和印刷出来,但大多数只能作为娱乐消遣或接受讯息用,这些书只消随意地浏览或扫视一下即可,换句话说,它们难以构成真正的"阅读"行为。就我个人的印象,当今时代所生产出来的许多文本

给阅读一点时间

即属此类。不过也不必厚古薄今,只要读读叔本华这段冷峻尖刻的论断即知:

> 读者大众的愚蠢和反常是令人难以置信的,因为他们把各个时代、各个民族保存下来的至为高贵和稀罕的各种思想作品放着不读,一门心思地偏要拿起每天都在涌现的、出自平庸头脑的胡编乱造,纯粹只是因为这些文字是今天才印刷的,油墨还没干透。从这些作品诞生的第一天起,我们就要鄙视和无视它们,而用不了几年的时间,这些劣作就会永远招来其他人同样的对待。它们只为人们嘲弄逝去的荒唐年代提供了笑料和话题。

事实上,真正有价值的书总是稀少的,或许只占到总量的百分之一、千分之一甚至万分之一。幸运的是,人类的文明史已经延续了数千年,活在今天的人们坐拥这个巨大的宝库,因为尽管这些(有价值的)书的相对数量很少,但它们的绝对数量依然庞大,即便一个人活上几辈子,依然不可能读完。

因此,千万不要以为内容会成为限制你阅读自由的枷锁,恰恰相反,在任何领域,你都可以找到无数的经典佳作细细品读,也只有像这样的文本,才值得一个人在有限的生命中为之厮磨相伴、以身相许。当然,偶尔翻翻劣质糟糕的书也不是什么坏事,这会帮你提升比较判断的能力,从一堆书——尤其是新书中迅速判断优劣、鉴别高下。要知道,在如今这个充斥着大量烂书的时代,高超的判断力是何等重要!

尽管文本的价值高低自有公道,但你若让我列出一张最值得一读的书单或文单,我只能无奈地摇摇头,轻叹一句:这个见仁见智。或许你会感到莫名,既然自有公道,怎么又会见仁见智呢?这

不是自相矛盾吗？当然不矛盾，这正是阅读中最为奇妙的地方——人与书的相遇是一种缘分。

一方面，由于人类的精神积累已过分庞大，没有任何一个人有资格去开列一份一劳永逸的书单；另一方面，随着人类文明的进展，精神和文化的价值也在发展和变化。毕竟，像《哈姆雷特》这样属于任何时代的作品是极为稀罕的。更何况——按照姚斯的理论——文本在被阅读之前只是半成品，读者的素养也间接决定了文本的价值。

读者，不就是镜子面前那个人吗？是的，作为观照的主体，读者实在太重要了。试想，即使面对的是最伟大的作品，在一个心智低劣、情感粗钝、品位庸俗的人面前，依然不过是一堆废纸，谈何"如实"，谈何"观照"！当然，对于普通读者而言，心智、情感、品味相差不大，却又不尽相同。这时，读者的独立性就显得格外重要了。正如弗吉尼亚·伍尔夫在《普通读者》(*The Common Reader*)一文中所给出的阅读建议：

> 独立性是读者拥有的最重要的品质。毕竟，关于书籍能制定什么条条框框呢？滑铁卢战役无疑发生在具体的某一天，可是，作为戏剧，《哈姆雷特》就是要比《李尔王》好吗？没有人能这么说。每个人只能为自己找出答案……绝大多数常见情形是，我们带着混沌而又零碎的想法接触书本，遇到小说就会说故事应该是真的，遇到诗歌会说情感应该是假的，遇到传记会说传记中应该有夸张成分，遇到历史会说记录应该加强我们的偏见。如果我们读书时能抛弃掉这些先入为主的观点，就会起了一个令人钦佩的开端。

是的，作为读者，必须有主见，但不能有成见。主见有助于我

给阅读一点时间

们洞见自身，成见却将我们的心智蒙上一层阴影。因此，在阅读之前，应抛弃成见，澄心滤意，放空自我，以丰足、宁和的心态，去诱发生命的觉察和观照，唯有如此，方有可能做到"如实观照"。如此想来，便不难理解中国古人读书前为何要焚香净手、沐浴更衣，想必是为了营造一种特殊的气氛和感觉，为了让一己之身心能够更好地沁入其中。

不知不觉，关于阅读的探讨已经走过了一个完整的圆。现在，该是我们为"阅读"下一个定义的时候了。如上所论，真正的阅读是从自我（读者）出发，全身心地沁入文本（及其介质所营造的氛围中），在孤独与交会的微妙转换中与之（作者）交谈，并努力建构出新的意义（再创造），最终回归自身，完成自我的观照，实现心智的成长。

作为一个收尾相接的圆，阅读象征着生命的圆满。也只有在这个意义上，才可以说：一个人的阅读史就是他的精神成长史。

2 不能承受的阅读之殇

领导人都在推荐读书,但我感觉既高兴又悲哀,为什么读书到了要推广、要提醒各位的地步呢?千万不要把你在屏幕上的阅读等同于阅读。

——白岩松

不能承受的阅读之殇

数据背后的真相

转型时期的中国可谓高歌猛进，各种统计数据夺人眼目（尤其是经济数据），尽管2015年GDP增速继2009年以来首次跌破7%，但依然为众多西方发达国家所惊羡。然而，相较于高速增长的国民经济，以及日益彰显的大国形象，中国国民阅读却在过去的十多年间经历着深刻的危机，以至于不少人断言只有通过阅读立法才能改变这种现状。

对此，日本青年作家加藤嘉一在《中国的逻辑》一书中直言："只要中国人不爱书，不论经济怎么发展都是可以小瞧的。"与其本能地排斥和反感日本人的言论，倒不如将之视为旁观者善意的提醒，毕竟正如国务院总理李克强在2015年全国"两会"答中外记者时所言："把阅读作为一种生活方式，把它与工作方式相结合，不仅会增加发展的创新力量，而且会增强社会的道德力量。"这两种力量正是当今中国社会所亟需提升的。

从1999年8月中国新闻出版研究所（现为中国出版科学研究院）组织实施的第一次全国国民阅读调查开始，至2015年4月第12次全国国民阅读调查结果公布，国民阅读调查已历经16个年头。经过多年的不断发展完善，调查由起初的两年发布一次结果，到2009年起改为一年发布一次，方法更加科学，成果愈益丰富，已经成为

给阅读一点时间

业界高度重视、大众广泛关注的了解我国国民阅读状况的一个重要平台。

必须指出的是,尽管每年公布的调查报告篇幅巨大,名目繁多,但其中有两个关键性指标最有价值,也最被世界各国高度重视,即国民阅读率和人均阅读量。我们将通过这两个指标来揭开数据背后的真相。

首先来看国民阅读率(统计样本为18~70周岁中国国民),1999年至今,过去15年间我们国民阅读率经历了不断走低之后触底反弹的过程。具体而言,1999年第一次全国国民阅读调查的国民阅读率为60.4%,2001年陡降为54.2%,2003年进一步低至51.7%,2005年更是一举跌破50%,降至冰点48.7%,2007年和2009年略有回升,分别为48.8%和49.3%,但仍然呈现出低位徘徊的特点,直到2010年,国民阅读率终于重回50%大关,为50.1%,2011年至2014年,国民阅读率呈现了反弹回升的迹象,分别为52.3%、54.9%、57.8%、58.0%。尽管最近几年国民阅读率呈现了回升的态势,但仍然未到及格线,现实依然不容乐观。

众所周知,过去一二十年中国在经济、社会等各方面取得巨大进步:1999年至2014年中国经济累计增速超过145%,文盲人口则从1985年的2.3亿人减少到2011年的5千万人,过去的十年中高校毕业生人数也翻了两番。世界范围来看,这样巨大的教育文化进步通常都伴随着阅读率的显著上升,美国和英国在工业革命后,20世纪初至20世纪中叶就经历了这样的过程。

但在中国,国民阅读率反而从1999年的60.4%下降为2014年的58.0%。进一步而言,2014年58.0%的国民图书阅读率意味着,仍有超过4成的国民在过去一年中没有读过一本书,考虑到中国巨大的人口基数,这个从不读书的群体数量实在大得惊人,长此以往,必

不能承受的阅读之殇

将拖累中国的创新发展转型。

镜彼知己,鉴往知来。反观其他发达地区和国家,对于我们反省和思考中国国民阅读的出路和未来,意义重大。

日　本

日本读卖新闻社2005年的阅读调查显示,日本的国民阅读率为73%,其中六成国民读书成风。同年,我国的阅读率是有统计以来的冰点——48.7%,差距惊人。《中山日报》记者苏格日勒在2007年前往日本出差后写下了这样的感触:"笔者今年9月公差到日本,视觉冲击最强烈的是日本人的爱读书。无论是新干线、地铁候车站,还是酒店的会客堂,任何公共场合、任何交通工具上,笔者都能看到持书阅读的人群,比例甚高。"

难怪加藤嘉一这样的年轻人敢在书中那样直言不讳,想必他对于日本人热衷于阅读的文化氛围从小就耳濡目染,甚为熟悉。至于散落在京都各条街衢间的众多旧书店,则早已成为一个个文化的火种。作为中国人,我们可以警惕甚至憎恨日本,但我们必须承认,这个"菊与刀"的国度有不少东西值得我们研究和学习。

韩　国

这些年的韩剧不断成功征服大陆观众,让我们与这个国家前所未有地接近。但我们真的很了解韩国吗？或许并不尽然。我们看到的更多是一个娱乐化的韩国——精心包装的演唱组合,创意迭出的电视剧和电影,以及娱乐圈背后发达的整容业。但我们显然并不清楚,韩国也是一个热爱阅读的国度。

韩国文化体育观光部2010年公布的《国民阅读实际状况调查》显示,1994年韩国的阅读率高达86.8%,到2010年一路降至65.4%,

给阅读一点时间

这是韩国自开展国民阅读调查以来的最低水平,这提醒我们阅读率下降是一个全球性的问题。但令人沮丧的是,我国2010年的阅读率为50.1%,与韩国的历史最低值相比依然相去甚远。进一步说,韩国国民阅读率的历史最低值仍比我们的历史最高值(60.4%)高出五个百分点。

说到韩剧在中国的滚滚热潮,曾有专业人士指出,其成功有七成要归功于编剧。反观大陆的电视剧,叫好又叫座的实在少得可怜,编剧是其中的关键因素。这不由让我想起中国杰出电影人、2015年戛纳电影节金马车奖获得者贾樟柯的一段话:

> 现在阅读率的下降是国民一个很严重的问题。表面上类似阅读的东西很多,比如上网,看电视,信息很丰富,但是信息不等于思想,资讯不等于学问。中国电影之所以拍得不好,与从业者的阅读之贫乏是有关系的。艺术工作者是处理情感的,但是因为不阅读、写作,不与自己交谈,没有养成感受和体悟自身心灵的习惯,所以情感是粗糙的,严肃的思考与对真实内心的表达和触摸就消失了,这是非常可惜的。我们心灵敏感之程度,或洞悉人情世故的经验,很多都来自阅读。

美　国

作为一个金钱至上的国度,我们很容易产生美国人不爱阅读的印象,但事实并非如此。总部位于华盛顿特区的美国皮尤研究中心(Pew Research Center)2012年"网络与美国生活项目"(Internet and American Life Project)的调查报告显示,美国国民的阅读率高达78%,其中30~39岁群体的阅读率更是达到84%(这一群体无疑是美国未来的中坚力量),而同年中国的国民阅读率仅为54.9%,巨

不能承受的阅读之殇

大的差距一目了然。如此高企的阅读率，显然和美国长期将国民阅读作为国家战略来实施密不可分，如美国共同教育大纲（CCSS）规定：凡年满八周岁的美国公民必须学会阅读。同时，美国正在开展平均每人每年阅读50本书的计划，美国教育部每年资助"阅读是根本"非盈利组织和"写作工程"在提高全美读写能力方面开展的各项活动。正如旅美学者薛涌多年观察的结论：在美国，读和写是事业成功的关键。

德　国

作为世界上最热爱阅读的国度之一，德国无论在哪一个方面都堪称全民阅读的完美典范。2014年4月23日即"世界读书日"当天，中央电视台驻德国记者马洪珊撰写了一篇题为《德国，全民阅读从娃娃抓起》的专题报道，开篇第二段就让我们领略了德国人的爱书情结："德国人对书疯狂而痴迷。德国书业协会的统计数字显示，有91%的德国人在过去一年中至少读过一本书。其中，23%的人年阅读量在9到18本之间；25%的人年阅读量超过18本，大致相当于每三周读完一本书。书籍已经连续数年蝉联圣诞节最受欢迎的礼物榜首。"也就是说，2013年德国国民阅读率是令人膜拜的91%！

值得注意的是，这个石破天惊的数字背后隐藏着一个惊人的事实：从事最平凡甚至不起眼职业的普通德国人构成了这个阅读强国的基石，他们或许是修理工、看门员、出租车司机或农民，虽然身份普通，职业各异，却都是阅读的忠实爱好者，甚至是痴迷者。这与我几年前在《南方周末》上读到的一篇文章有着深刻的内在一致性，现转引如下：

多年前，我刚到德国留学时，邻居是一位下水道工人。当

给阅读一点时间

得知我来自中国,他便睁大眼睛向我提问:"先生,我们国家有许多哲学家认为老子是世界上最伟大的哲学家之一,而我喜欢的Christian Wolf则更推崇庄子,您能告诉我他们之间的区别吗?"我只能凭着对教科书的模糊记忆乱答一通。当我好奇地反问他为何如此喜欢哲学的时候,他彬彬有礼地回答:"先生,当我在黑暗的下水道里工作时,回味着昨晚看的黑格尔,连污水都变得美好起来。"(李江源:《下水道工人的问与答》,2009年10月29日)

我要说,这篇不到两百字的短文是我读过的有史以来最震撼人心的文章之一,这是一种内心深处的震颤、共鸣和钦佩,一个下水道工人不经意的问答折射了一个民族的素养和品质。当我们每每追问德国何以在二战的废墟中迅速崛起,德国何以产出如此众多、杰出的科学家、哲学家、诗人和艺术家,何以德国制造就是高品质的代名词等问题,答案或许就隐藏在每一位普通德国公民的大脑和心灵中。

以井观天难免挂一漏万,我们往往只知其一、不知其二。正如我们不断感叹德国强势支撑欧元区乃至整个欧洲,并且一年接纳80万名难民的同时,却没有在意德国的大学和图书馆一定是当地最经典的建筑并位于交通最方便的地段,也没有在意德国拥有世界人均比例最大的普通阅读者群体,更没有在意德国人对知识的尊重和阅读的态度。当2008年中国GDP总量一举超过德国跃居世界第三之后,我们必须冷静地看到两国国民阅读率的巨大差距(91%与47.8%),及其背后所包含的与之相关的一切。瑞士心理学家卡尔·荣格(Carl G. Jung)曾说:一切文化最终积淀为人格。面对文化传统的断裂,以及社会和国民内心的浮躁,我们还有很长的路要走。

不能承受的阅读之殇

法　国

作为世界著名的浪漫国度，法国总是与"罗曼蒂克"（romantic）相联系，其实这一词汇在法语中的本义是"小说化"（romantique）。可见，法国人特有的浪漫、高雅的品位和气质是与读书联系在一起的。没错，中国出版科学研究所"国际出版蓝皮书"课题组的论文《西欧三国国民图书阅读情况》（2008年）指出，法国2005年的国民阅读率即达到78%，大多数法国人把读书视为最具文化价值的活动。高达3/4的法国青少年认为，读书是最有意义的事。日常生活中，读书是法国人首选的休闲方式。在法国，随时随地都可以看到法国人专心致志读书或看报的身影，甚至还能时常看到颤巍巍的老人手里拿着新买的小说上公交车。

与德国相似，法国读书群体囊括了社会的各个职业和阶层，这是真正的阅读强国的重要标志。因此也就不难理解，一个原本以农民为主体的农业国，何以逐渐摆脱掉了"土气"，顺利搭上欧洲文艺复兴和工业革命的快车，并最终实现华丽的转身，成为一个文学巨匠云集、国民素质全面提升的文化艺术大国，广泛深入的国民阅读便是其中的关键之一。

* * *

对于敏锐的中国人而言，较之于国民阅读率，人均阅读量乃是一个更令人在意的指标。在新闻界，人均阅读量更是被视为国民阅读的重中之重。这或许是由于人均阅读量这一指标能直接落实到个体，对应于自身，因而让每个人有更加切肤的感受——每年公布这一数据时，不少人都会掰掰指头对比一下，自己的阅读量是作出了贡献还是拖了后腿。

给阅读一点时间

然而,令人颇感纳闷的是,如此重要的指标竟然在前三次调查中阙如。因此,我们如今能看到的人均阅读量仅是2005年至今的八次调查数据。不过,这八次数据已足够我们了解国民人均阅读量的真实状况:与国民阅读率的走势颇为不同的是,过去九年间国民人均阅读量的指标一直在低位震荡、徘徊,除了2010年跌破4本(3.88本)之外,其余年份均在4～5本之间震荡,最高为2013年的4.77本,与2009年的4.75本接近,2014年则下滑至4.56本。

我想重点指出的是,正是这一指标和这些数据,连同其他国家(民族)的相关数据,在最近十年间被我国的各种平面和网络媒体反复报道,以至于不少普通国民也对此忧心忡忡。平心而论,其中有些数据存在被夸大的嫌疑,有一定的水分。不过,我国人均阅读量远低于其他发达国家的事实是不可否认的(下面会详细分析),正如尽管我国的GDP总量已经跃居世界第二位,但人均GDP排名依然远远落后。

统计数据显示,如今的中国已成为图书出版的第一大国(出版图书总量超过美国一倍多),但尴尬的是,我国也是图书库存量最大的国家,仅2012年就有价值884.05亿元(码洋)的图书积压在仓库之中。面对日益繁荣的出版业,中国人在过去20年的人均图书消费量徘徊不前(要知道,国人其他的种种消费在过去20年间可是呈几何级数的增长),已成为"有书不读"的典型。

为了解我国人均阅读量和其他发达国家的真实差距,我们必须对其中一些代表国家进行细致深入的考察,正如我们在分析国民阅读率时所做的那样。首先来看日本。近几年在网络上有几篇被大量转载的文章,标题极为触目惊心,诸如"中国人人均阅读量不到日本的十分之一""我国国民每年人均阅读4.5本,仅为日本九分之一",甚至还有题为"中国人均阅读量只有日本的几十分之一"的

不能承受的阅读之殇

文章,但经过笔者一一考证,这些文章中所列数据均有夸大以博取眼球的嫌疑,这也正揭示了互联网经济为眼球经济的本质。

那么真实的情况是什么样的呢?2013年中国新闻出版研究院院长郝振省在接受采访时介绍,严谨的国际阅读率比较研究显示,当下日本国民人均阅读量在8.4~8.5本之间,虽然没有网上流传的几十本那么高(多篇文章显示日本的人均阅读量为40本),但明显高于我国的国民人均阅读量,确是一个显著的事实。

另尹天笑《日本阅读2010》一文的数据显示,20世纪50年代,日本人均购买图书10本左右,并以每10年增长10本的速度不断攀升,至1996年日本人均购买图书达到创纪录的55册。但从1997年起,日本国民步入了漫长的"阅读疲劳期",人均购书量不断下降,到了2008年日本人均购买图书不足30册。可以看到,日本如今的人均购书量重又退回到了四十年前的水平,但对比我国2009年人均购书量5.6本的水平而言,依然是我们的好几倍。

从人均购书量的变化可以看到,日本在二战之后随着经济的起飞,人均图书消费量呈现出不断攀升的态势,而伴随着日本经济在20世纪90年代中期出现拐点,这一指标也跟着下滑。令人感到困惑的是,过去20年间中国经济呈现出飞速发展之势,国民购买力和消费指数也成倍增长,人均图书消费量为何一直徘徊不前(从1990年的人均5.2本到2009年的人均5.6本)。总能看到一些人,一边感叹书价太贵买不起,一边又在吃喝玩乐上尽情消费。

韩国的情况甚至比日本更好,尽管韩国从20世纪90年代中期至2010年的国民阅读率呈现了下滑的趋势,但其人均阅读量却一直保持较高的水平,2009年和2010年韩国文化体育观光部公布的《国民阅读实际状况调查》显示,2008年韩国的人均阅读量为11.9本,2009年和2010年分别为10.9本和10.8本,均保持在两位数以上,这

给阅读一点时间

个数字比不少发达国家更高,令人刮目相看。细究根由,良好的人均阅读量与韩国对文化(事业)的重视密不可分。早在1998年,韩国政府就正式提出"文化立国"的国家战略,将文化产业作为促进21世纪国家经济发展的战略性支柱产业。2007年韩国颁布了《读书文化振兴法》,将每年9月定为全国阅读月,并在该月颁发读书文化奖,向对推进国民阅读作出突出贡献的个人颁发总统勋章。与此同时,韩国还积极举办各类读书及征文活动,让读书成为国民生活的一部分。

这就不难理解,为何过去十多年"韩流"在中国和周边国家盛行,甚至让我们一度感到韩国文化入侵的恐慌。值得一提的是,2010年65.4%的韩国读书人中,人均读书量为16.6本,比2009年的15.3本高出不少。也就是说,接近三分之二的韩国人一年的读书量超过16本,平均每月读书1.38本。平心而论,这个数字不可谓不高。面对太过熟悉的娱乐化的韩国时,我们是否应该静下心来,重新审视一下这个似乎只看"颜值"的邻邦国度呢?

在日、韩等国阅读率遭遇滑坡的情况下,美国2012年的阅读率依然达到78%的高位,这对于一个建国仅两百多年且金钱至上的国度甚为不易。更让人惊愕的是,美国皮尤研究中心的数据显示,2011年美国16岁以上人群人均阅读量高达17本(除美国外,其他国家的人均阅读量指标均不包含电子书在内),而我国2011年人均阅读量的数据为纸质图书4.35本,电子书1.42本,合计5.77本,仅为美国人均阅读量的1/3。

尽管上述数据没有包含美国人阅读纸质书和电子书的具体数量,但另一项公布的数据让我们可以推知大致的情况,2011年阅读纸质书的美国读者占到84%,而阅读电子书的读者仅为15%,这显然意味着17本书中电子书的比例处于较低的水平。同样,2012年9

不能承受的阅读之殇

月美国The Joan Ganz Cooney Center调查报告也显示：在所调查iPad用户中约70%的成年人表示，他们更倾向于通过传统纸质书籍来获取他们想要的信息，对他们来说，iPad只是辅助工具。面对当前四处蔓延的触屏阅读，作为技术创新的全球霸主，美国人对于新技术所表现出来的审慎态度，或许更值得国人深思。

德国的情况在前文中已经描述得比较详细，尽管没有具体的人均阅读量数据，但据其他一些相关数据保守推算，德国的人均阅读量至少是两位数。至于经济高度发达的北欧国家，国家新闻出版总署副署长阎晓宏在2012年的上海书展上曾经透露过一个数据，他们的人均阅读量是惊人的24本！也就是说，这些国家的每位公民平均每个月可以看完两本书。

抛开冰冷的数字，去北欧旅行过的朋友都会了解到，无论在丹麦女王罗森堡宫旁的森林公园内，或是芬兰坦佩雷奈西湖畔，抑或瑞典斯德哥尔摩皇宫广场雕塑台阶上，随处可见手捧书籍的人们在享受阅读的惬意，无论男女老幼。面对这样的画面，我们似乎才能真正领悟"阅读是一种生活方式"这句格言的内涵。2014年4月，瑞典著名作家、诺贝尔文学奖评委会前主席谢尔•埃斯普马克（Kjell Espmark）在接受《人民日报》采访时说的一席肺腑之言，或许代表了所有北欧爱书人的心声：

> 读书让人永恒。……通过读书，人们可以进入他人的人生，感受他人的情感。当你深入到另一个男人或女人的内心生活时，你的人生得到拓展，生命因而不朽。读书的另一个好处是，可以更好地认识这个世界。每一本书都是现实的反映，一个独立的世界。读者走入其中，可以加深对客观世界的了解，看到以前所看不到的世界。

 给阅读一点时间

最后来看法国。与日本的人均阅读量被网络夸大相似,法国的人均阅读量也被一度谣传为每年人均阅读20本。但事实上,根据《国际出版蓝皮书》的统计,法国的人均阅读量大约为8.4本,这一指标在发达国家中并不靠前,国人大可不必为之贴金。对于生性浪漫、注重品位的法国人而言,他们提倡一种"慢生活"(slow life),一切事情在法国人的时光中都会变慢下来,似乎任何的匆忙都会损害他们的优雅与从容。之于阅读,法国人亦是如此,他们喜欢泡上一杯咖啡,邂逅一本小说,慢慢品读书中的各种美好和妙谛,根本不在乎一年读了几本书。

正如"罗曼蒂克"一词的法语内涵,法国人对于小说的酷爱是举世闻名的,侦探、悬疑、情感、古典等各类小说是法国读者最喜欢阅读的图书类型,精彩的故事总是值得细细玩味。读一本小说,做一个自由的灵魂,法国人兴趣至上的纯粹阅读观令人印象深刻。当然,热爱艺术的法国人把不少时间花在了听音乐会、欣赏歌剧或戏剧、看美术展等审美活动上,加之讲求品位、崇尚慢生活的个人性情,相对偏低的人均阅读量也就不难理解了。

*　*　*

通过对上述两大关键指标的审视和镜鉴,我们对国民阅读的真相似乎已了然于胸。然而,事情的真相显然比上述的分析和比较要更复杂一些——更准确地说——更加悲观一些。当我们搜集到更多的可靠资料之后,更多的真相才进一步浮出水面——几个触目惊心的数据深深刺痛了国人敏感的神经,其中的震惊和酸楚甚至远远超过上述的描述,一种深重的羞辱感和浓烈的苍凉感在心头升腾而起,这一次我们再也没有理由淡定了,正所谓"不在沉默中爆发,就在沉默中灭亡"。

不能承受的阅读之殇

  2013年5月20日《中国青年报》一篇题为《联合国调查显示中国平均每人一年读书不到一本》的文章指出：联合国教科文组织进行的一项调查显示，全世界每年阅读书籍数量排名第一的是犹太人，平均每人一年读书64本。而中国13亿人口，扣除教科书，平均每人一年读书1本都不到。原来如此！以此推算，那么人均阅读量不到某些国家1/10的论断似乎并不是危言耸听！

  是的，人均阅读量不足5本的水分被挤掉之后，剩下的数字真是让人脸红心跳！但冷静下来仔细想想，却似乎又在情理之中……就笔者所在的大学校园而言，我身边的不少同事、朋友一年的阅读量似乎不超过5本，试想高校中人尚且如此，遑论全国的平均水平！2011年4月，中国人民大学政治系主任、知名学者张鸣教授在《文史博览》杂志上发表题为《学界的技术主义的泥潭》的文章，个中观点与我的见闻感受如出一辙，现转引其中一段如下：

    画地为牢的最突出的表现，就是教授们不看书。出版界经常统计社会大众的阅读量，越统计越泄气，无疑，社会大众的阅读量是逐年下降的，跟美国、日本这样的发达国家，距离越拉越大。其实，中国的教授，阅读量也不大。我们很多著名院校的理工科教授，家里几乎没有什么藏书，顶多有几本工具书，一些专业杂志。有位父母都是著名工科教授的学生告诉我，在家里，他买书是要挨骂的。社会科学的教授，也许会有几本书，但多半跟自己的专业有关。文史哲的教授藏书比较多一点，但很多人真正看的，也就是自己的专业书籍，小范围的专业书籍。众教授的读书经历，就是专业训练的过程，从教科书到专业杂志，舍此而外，就意味着不务正业。

  2013年10月12日，新华网一篇题为《中国人不爱读书尤甚，图

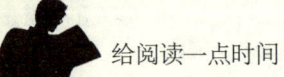

书阅读量不及泰国》的文章更是让国人的自尊碎了一地,文章伤感地指出:中国2012年人均阅读量只有4.39本,远低于主要发达国家。……根据联合国教科文组织的相关统计,中国的国民人均读书数甚至还落后于泰国的5本。这不由让我想起2013年6月15日晚中国男足主场1:5惨败于泰国队的悲凉场景,这一夜,无数球迷群情激愤,彻夜难眠,伤心、愤懑、耻辱的感觉相互交织,共同注解了或许是中国足球史上最黑暗的一天。

然而,又有多少人会去关心,在关乎民族自尊的另一领域,我们再一次被这个人均GDP落后于我们、国内政局反复动荡的东南亚小国超越,而前者的"失利"对中国而言显然意味着更多的东西,任何一个有识之士对此必定了然于胸。更何况,相较于中国男足在2015年亚洲杯小组赛三场全胜的强势表现,我们的阅读率却依旧在低位徘徊。

归根到底,这是教育的失败、教养的匮乏、文明的差距。在一个众人谈论房价、比拼颜值、追逐明星奢华婚礼的社会中,阅读变成了一件奢侈的事情,背后隐藏着的,则是社会转型时期中国人浮躁、空虚的内心世界。

不能承受的阅读之殇

"三媚"当道：经典阅读的失落

著名作家余华在他的杂文集《十个词汇里的中国》"北京"一章中，为我们讲述了他童年的一些趣事。"文化大革命"结束后，在"文革"中被贬为"毒草"的西方经典小说又开始在余华生活的偏远乡村流行。因为书本珍贵难得，村民们只有用书店发行的配给票才能买得到。在发票那天，余华天没亮就去排队，但是队伍从书店门口弯弯曲曲已经排了好几百号人，那些人从头天晚上就开始等着了。八点钟，店员宣布今天一共只发50张票。余华记录下当时的感受犹如"隆冬时节一桶冰水从头而降"。排到第51号的人眼睁睁看着前面的人抱着崭新版的《安娜·卡列尼娜》（Anna Karenina）和《大卫·科波菲尔》（David Copperfield）离开，心里有说不出的沮丧。很快，"51"这个数字在村里就成了不幸的代名词。

对于现在中国的读者来说，这些故事犹如发黄的《毛泽东语录》一样陈旧过时，但是却印刻着一代人对于阅读的记忆。如今的大众可以畅游于各大"书城"——无论是实体的还是虚拟的——从中国古典诗词到亚马逊最畅销书单，读者们的需求可谓一应俱全。每隔一个街头，都会看见小贩们摆起手推车书摊，专卖最近发行新书的盗版，比如《史蒂夫·乔布斯传》（Steve Jobs by Walter Isaacson）、戴尔·卡耐基的《如何赢得朋友和影响别人》（How to

给阅读一点时间

win Friends and Influence People）等。

如今，国民的阅读热情已不可与当年同日而语。与此同时，另一个重要问题也清晰地显现出来：中国人普遍放弃阅读那些严肃而深刻的书籍，而去选择简单易懂的书籍。2013年8月，美国著名的《大西洋月刊》（The Atlantic）曾专门撰文《为何中国人不再阅读》，一针见血地指出"中国现在的畅销书榜主要由'育儿手册、烹饪书、健康指南、备考材料、惊险小说和言情小说'占据"，文中还援引著名畅销书出版商何晓飞的感慨："过去十年，中国畅销书的实用性越来越强，而知识性却越来越弱。"

全球最大的中文网上书店——当当网公布了2015年中国图书消费报告，一本成人涂色书《秘密花园》以超过150万册的销量高居榜首，这实在要归功于微信朋友圈转发的神奇力量，而且就我所知，跟风式购买是销量的主要推手，而真正完整画完一幅图的人却寥寥无几。更让人无语的是，颇为引人注目的"'90后'最爱的20本书单"中竟有14本是考研政治或英语试题集，这或许真的是中国特色了，而一向被社会和媒体所标榜的"独立思考的、有个性的、崇尚创新的""90后"们却在教辅题海中彻底沦陷了。

与此形成鲜明对照的，则是经典书籍被忽视甚至被嘲弄的悲惨命运。2013年6月，广西师范大学出版社通过对近3000名读者吐槽最多的"读不下去"的书进行统计，公布了一张令人大跌眼镜的"死活读不下去排行榜"，前十名依次为：《红楼梦》《百年孤独》《三国演义》《追忆似水年华》《瓦尔登湖》（Walden）《水浒传》《不能承受的生命之轻》《西游记》《钢铁是怎样炼成的》《尤利西斯》（Ulysses），十部中外文学经典纷纷躺枪，尤其令人瞩目的是中国四大古典名著无一幸免。

平心而论，这十部作品中，乔伊斯的《尤利西斯》由于内容晦

不能承受的阅读之殇

涩、结构凌乱,是举世公认的难啃之书,普鲁斯特的《追忆似水年华》则因卷帙浩繁,夹杂大量感想、议论,也颇为难读,但其余八部作品的可读性实在是不错的,尤其是中国的四大名著,对历代国人而言都是必读书,许多人在中学时代就全部读过,何以如今的年轻人就死活读不下去呢?

据网友吐槽,比如《红楼梦》,许多人受不了大量的古典诗词,认为其妨碍了故事理解。这就充分暴露了如今年轻人文化根基肤浅的弊病来,与民族经典文化的长期疏离是造成这种状况的主因。另有网友指出,《百年孤独》读不下去是因为其中的外国人名过分冗长,稍多读一点便分不清谁是谁,这显然是网络触屏时代个体注意力经常处于游离状态的结果,专注力的大幅下降导致人们难以集中精力,这对于阅读国外长篇小说当然是大忌。至于《追忆似水年华》和《尤利西斯》,读者多是嫌其篇幅太长,建议当成"十年以上有期徒刑必备书"。

功利化阅读

上述吐槽虽让人有些哭笑不得,却引出了一个极为关键的问题:那就是近十年来中国社会日渐弥漫且愈演愈烈的"功利化阅读""碎片化阅读"以及"粉丝阅读"风潮,这可以视为经典阅读失落的三大杀手——它们在如今的阅读圈中大杀四方,几乎所向披靡。

首先,我们要祭出第一杀手——功利化阅读。2013年,著名的环球市场研究公司益普索(IPSOS)对20个国家的"态度调查"显示,71%的受访中国人"根据自己拥有的物质来衡量成功",高居世界第一,比居于第二位的印度(58%)高出13%,比接受调查的20个国家的平均比例(34%)高出37%,比所谓"金钱至上"的美国(21%)

给阅读一点时间

高出50%，比福利国家瑞典(7%)高出64%。2012年中国的人均GDP已经超过9000美元，印度才3843美元，但中国人比印度人更注重物质。巴西、南非的人均GDP比起中国来也就高2000多美元，但用物质界定成功的比例，巴西比我们低了23%，南非则要低38%。不客气地说，如今中国已经成为世界上"最拜物"的国家之一。

尽管这一新闻曾在国内引起不小的震动，但普通百姓似乎早就习以为常：许多人对个人成功的定义主要是权力和物质财富的累积（前者为后者服务）。钱多大成功，钱少小成功，没钱不成功。至于其他的，免谈。网上晒豪车、豪宅，甚至躺在钱堆里的靓女俊男们，尽管会遭致一些抨击，但收获的羡慕嫉妒恨显然更多。多金的男女们，无论怎样恶心地炫富，都可以如愿地从别人的眼神里读到他们期待的东西，于是就出现了"宁愿在宝马车里哭，也不愿在自行车上笑"的物质女，以及"钱能买到一切"的物质男。

或许当人们第一次在公共媒体上看到这样的言论，还会感到吃惊，但随着越来越多的"物质男"和"物质女"进入人们的视线，大家也就见怪不怪了。这种日益占据主宰地位的单一成功观让太多的中国人身心俱疲却又奔忙不暇，焦虑的外表背后是一颗浮躁的心灵。而与之相伴随的，却是中国人日渐空虚、困顿、萎靡的精神生活。这就不难理解，曾经占据国人精神生活核心地位的阅读，在物质至上价值观的凌厉攻势下，如今为何已被雨打风吹去。

许多人认为阅读和个人成功关系不大（或性价比太低），因而很少阅读，正如2015年的国民阅读调查报告显示，高达44.1%的国民认为自己的阅读量很少或比较少，而只有10.2%的国民认为自己的阅读量比较多；读书人中有不少人只对考试、升学、炒股、育儿、烹饪、职场等实用性极强的书籍感兴趣，尤其是长盛不衰的成功学读物，可谓铺天盖地，都是教人如何尽快挣钱，挣大钱，至于

不能承受的阅读之殇

其他有内涵的严肃书籍则几乎视而不见。

《深圳商报》根据深圳书城2007年图书销售明细，对深圳市民的阅读状况进行了摸底调查和统计分析，得出"深圳人读书：九分实用、一分人文"的结论，我想这个结论也基本适用于中国的其他城市。不能说实用阅读有什么不对，但阅读的意义，应该是"实用"和"个人教养与文化传承"兼备的，两者的比例绝不应该如此悬殊，否则公民的素质修养、社会的精神风貌、城市的文化氛围都将从何谈起？

正所谓"覆巢之下，岂有完卵"，大学曾是人们心目中洁白的象牙塔，但如今高等学府也已成为功利化阅读的重灾区。国内顶尖高校复旦大学就本校学生经典阅读情况做过专门调研，结果令人悲观：绝大多数同学在3个月内对于两类经典文本（包括中外文学名著以及专业经典文本）的阅读量都在3本以下，而美国大学生平均每周的阅读量是500～800页。其余暂且不论，光看阅读这一项，我们就不由感慨中国一流大学和世界一流大学的巨大差距。至于中国其他的一流大学，情况也差不多。

"我当然喜欢读一些经典散文和小说了。那些书很有时代特色，虽然文字朴实，但思想性很强，读起来还是很有感触。但哪有时间啊？"北京师范大学心理系学生小丁在接受《中国青年报》的记者采访时表示，自己很少看巴金、茅盾、老舍等文学大师的作品，"课程那么多，现在专业书都看不过来"。华中科技大学新闻系大三学生小王则坦言："我买的都是教材和考试辅导书等对自己有直接用处的书，现在的人读书都很功利。"试想，"985大学"的经典阅读现状都是如此的景象，其他的高校就更是难以想象！

令人担心的是，由于长期缺乏经典阅读的熏陶和积淀，如今的中国大学生在人文修养和个人创造力方面普遍不高，尤其是缺乏

给阅读一点时间

对民族文化的自觉和认同,缺乏对中华文化发展历程的认知和领悟——不知诸子百家,不识苏黄米蔡,不晓《富春山居图》为何物,不明《黄帝内经》为何书。长此以往,必将对大学乃至整个民族的发展产生深远的负面影响。

这不由让人想起两句警语,第一句来自尼克松(R.M.Nixon),他曾说:"当中国的下一代,忘记自己文化的那一天,我们就可以去攻打这个民族。"第二句来自撒切尔夫人(M.H.Thatcher),她曾以告诫的口吻对邓小平说:"中国不会成为世界超级大国,因为中国今天出口的是电视机,而不是(经由电视传播的)思想观念。"几十年过去了,华夏大地上的人们正在淡忘自己的文化,而我们的电视剧(包括电影)依然很难在世界各地广泛传播。

然而,以美国为首的世界一流大学却更加重视通识教育(liberal education),希望学生通过基于经典阅读的人文基础教育,和古往今来的人类伟大心灵进行交谈,从而在今天这个歧路丛生的世界获得一种基本的方向感和价值定位,有效应对历史的挑战。因此,尽快推进中国一流大学的通识教育(博雅教育),恢复失落的经典阅读传统,以应对全球化时代的文明挑战,乃是当务之急。

梁任公曰"少年强则国强",青少年的阅读状况向来不容小觑。根据2015年公布的第12次《全国国民阅读调查报告》的数据,2014年全年我国0~17岁的未成年人图书阅读率为76.6%,人均阅读量为8.45本,均明显高于成年国民的相关数据,情况似乎颇为可喜。然而,只要看看青少年都在读些什么,我们就笑不出来了。各类教辅材料、习题集、英文词典等是他们主要的阅读内容,40%的中小学生几乎从来不看课外书。

不能承受的阅读之殇

原因很简单，这些孩子们的目标基本单一而明确：考上重点中学和重点大学。对于许多家长而言，孩子的阅读从来都是功利化的，为考试、升学而服务的，而与个人兴趣无关。久而久之，青少年真正的阅读兴趣越来越淡漠，以至于许多人大学毕业之后就几乎不再看书了。所谓的终身学习，或许也就只剩下"终身刷屏"了。试问：这是学生的悲哀，还是教育的悲哀？

晚清大家王国维以为读书有着三种境界，其一：昨夜西风凋碧树，独上高楼，望尽天涯路；其二：衣带渐宽终不悔，为伊消得人憔悴；其三：众里寻他千百度，蓦然回首，那人却在，灯火阑珊处。短短三句宋词，却道尽了读书的三重妙境，让人懂得了什么叫做传统文化的创造性转化。

然而，大多数人连第一层境界都很难体验到，因为他们的独处时光都奉献给了教科书，奉献给了网络，奉献给了电视，从来都没有养成那种沉浸在阅读中所特有的孤独感和纯粹感，而正是这两者构成了所有真正阅读者的高峰体验。中国学子之于读书，往往或为家长逼迫，或为考试压力，或为职场谋生……一句话，阅读是他们在残酷现实和生活重压之下不得已的选择。至于如今的青少年所迷恋的恐怖、玄幻、穿越、恶搞等畅销书籍，或可视为他们对应试教育和生活重压的某种叛逆和宣泄。

据国外的一项调查显示，一个人的阅读习惯最好在12岁之前养成，否则阅读的大门可能就对他永久关闭了。想想许多不到12岁的中国孩子，他们大部分时间都在枯燥的教材、复习资料、习题册中艰难度过，而家长却在看电视、上网、玩手机或iPad，孩子们如何能体会到阅读的乐趣，又如何能养成阅读的习惯呢？行笔至此，2014年"世界读书日"的主旨宣言犹在耳边回荡：

给阅读一点时间

希望散居在全球各地的人们,无论是年老还是年轻,无论是贫穷还是富有,无论是患病还是健康,都能享受阅读的乐趣,都能尊重和感谢为人类文明作出巨大贡献的文学、文化、科学思想大师们,都能保护知识产权。

面对这样的宣言,我们会不会有自惭形秽之感呢?不阅读大师们的经典作品,无法享受纯粹的阅读乐趣,我们似乎也很难再为世界贡献科学和文化大师了。愈演愈烈的功利化阅读必将剥夺人们生命中本该拥有的那份纯粹和澄澈,有损于中华民族的创造力和竞争力,阻碍国家基于创新驱动的转型发展。

碎片化阅读

1971年,著名经济学家赫伯特·西蒙(Herbert A. Simon)对现代人的注意力匮乏症做出了最好的诊断:信息消耗的是接收者的注意力。因此,信息的聚敛必然意味着注意力匮乏。在技术高度发达、信息极度膨胀的今天,我们的注意力出现了空前的匮乏——浮躁,空泛,匆忙,摇晃,跟风,盲从,浅淡,一目十行,一带而过,只要超过三百字,不少人连读完的耐心都没有,更没用心去品咂。没有情调,没有韵味,没有美感,没有期待和愉悦,没有回味和复观,似乎一切都是过眼云烟。

如今许多人的所谓"阅读"无非就是每天刷几十条微博、看几十条微信而已。早晨起来,立即打开微信,看朋友圈有没有人给你点赞和评论;吃早餐的时候,随手拍一张包子油饼的照片,然后加上滤镜效果发到朋友圈秀一下,接着再看看有多少人点赞和评论;上班时仍不满足在QQ上与同事、客户谈工作,时不时地还会刷微信,看段子,诸如哪些餐厅或商场最近又在搞促销,哪些类型的女

不能承受的阅读之殇

人千万不能娶,某位明星最新被曝光了什么隐私……

我们似乎读了很多,却又好像什么都没读,芜杂海量的信息塞满了大脑,精神和心灵却又日渐空虚……碎片化阅读,既是生命不能承受之重,又是生命不能承受之轻。

从根本上说,碎片化文本具有反经典的特质,零碎性、瞬时性乃至感官性是它的主要特点。而所谓经典,不仅具有较高的思想、艺术价值和知名度,而且包含永恒的主题和经典的艺术形象,在历史的长河中经久不衰,广泛流传。与一般书籍比起来,经典的思想和艺术成就更高,更有深度和技巧,更具系统性和完整性,被公认为一个民族乃至人类文明的文化遗产。零碎与系统,瞬时与永恒,肤浅与深刻,构成了碎片化文本与经典文本的根本区别。碎片化时代似乎让阅读变得无比轻松,却又让真正的阅读变得无比艰难,这就是碎片化阅读留给我们的无解悖论。

令人担忧的是,面对碎片化阅读的浪潮,不少出版社为了经济效益选择了屈从与迎合,纷纷推出了所谓"微博体"畅销书。"对于'非常伤感'4字有个不靠谱的发现:它可以用在随便一个陈述句后边,百玩不腻。比如:除夕夜,窗外的鞭炮响了一整晚,非常伤感;我站在风里吃了一根冰糖葫芦,非常伤感;明天天气晴转多云,非常伤感;凌晨1点了,打算再去看几页书就睡了。窗外很黑,非常伤感……"这是知名博客作者、网络段子高手"东东枪"从百万言博客及微博发言中集结出的一本小书《俗话说》中的片段。真正令人伤感的是,这本令很多人并不怎么笑得出来的书,出版后的销量却是一路飙升。

看看最近几年的各类图书销售排行榜,像这样把微博上的段子集结成书的不在少数,并活活衍生出一个图书品种,在出版市场上煞为扎眼。除了上述的《俗话说》,比较畅销的还有微博红人张发

给阅读一点时间

财写历史八卦的《一个都不正经》、网络红人"奶猪"出版的段子集《我呸》、童亮的《贫僧是去往西天拜佛求亲的》《笨信一箩筐》等，这些出版物有着一个显而易见的共性——文体以一段段不超过140字的文字构成，充满各种桥段和机灵，几乎毫无例外地都是微博文字的集合，而将微博内容变成线下图书则快得像一场"闪婚"。这类碎片化读物品种在如今的图书市场越来越多，甚至成了一种"主流"读物，这本身就构成了对经典的嘲弄和蔑视。

北京大学中文系教授张颐武在接受《文汇报》记者采访时表示："从一定意义上说，我们已经进入了一个以碎片化阅读为标志的时代，而这种阅读方式的碎片化也使得人们越来越接受'浅阅读'的方式，即不需要思考而采取跳跃式的阅读方法，追求短暂的视觉快感和心理愉悦。相比之下，真正的阅读需要读者能够持续专注在书页上，集中全部精力，通过直面的信息进行思考。"

是的，碎片化阅读在本质上是一种浏览，而非真正的阅读。正如笔者在第一章中关于阅读本质的描述，真正的阅读是一种身心的沁入，而碎片化阅读却是注意力的高度游离；真正的阅读是一种孤独的对话，而碎片化阅读则更像一场热闹的狂欢；真正的阅读是一种意义的构建，碎片化阅读则是去批判性的信息浏览；真正的阅读是一种自我的观照，碎片化阅读却让自我陷入混沌，拥塞的信息遮蔽了智慧之光。

正所谓"工具塑造思维"，在长期的碎片化信息的侵袭之下，我们的大脑痛苦地经历了一场"忙者生存"的脑细胞大战，并逐渐形成了新的神经回路，支持深度思考、批判性思考的大脑功能彻底失败了。如前所述，经典著作具有系统、永恒、深刻的特点，在本质上是反碎片化的一种存在，当那些长期习惯于碎片化阅读的人翻开经典作品——通常具有较长篇幅且内容深刻的文本，他们的大脑

不能承受的阅读之殇

会本能地产生抗拒。

很不幸，经典阅读似乎对他们重重地关上了大门。

粉 丝 阅 读

林语堂曾在其名著《生活的艺术》中写道："一个人能发现他所爱好的作家，实在是他的智力进展中一件最重要的事情。世上原有所谓性情相近这件事，所以，一个人必须从古今中外的作家去找寻和自己的性情相近的人。"但林先生肯定万万没想到，在如今传媒发达的时代，这种原本是个体寻找灵魂伴侣式的精神活动，已经演变为群体性的时尚风潮，一种被称为"粉丝阅读"的东西已然粉墨登场。

如你所知，一些畅销书作家俨然受到了娱乐明星式的狂热追捧，例如郭敬明的"粉丝"叫"四迷"，易中天的"粉丝"叫"乙醚"，于丹的"粉丝"叫"鱼丸"，"当年明月"的"粉丝"叫"明矾"……这些"粉丝"们有的通过QQ群和各种论坛互通有无；有的在自己的秀场组织各种活动；有的发起各种论战，甚至进行对骂，或遇有自己"偶像"作家签名售书，则像追星族一样，冒雨排队几个小时仅仅是为了完成"一次超级膜拜秀"，以上种种与娱乐圈的情形几乎如出一辙。

这些跟风、狂热乃至膜拜的行为包含了作家被精心包装产生的"明星效应"，类似于时尚风潮指南的"羊群效应"，但唯独与阅读无关，与书籍无关。显然，粉丝阅读偏离了阅读的本质，它不再是一个人徜徉于精神世界的洞烛幽微，而变成了不知不觉屈从他人意志的时尚秀。阅读的个体性和独立性逐渐消解，读者和作者不再是一种平等的对话，而是一种顶礼叩首的追星行为。人们越来越多地把自己交出去，成为别人的尾巴或奴隶。

 给阅读一点时间

　　这让我想起曾有一位日本女作家,她的书在日本只卖出了五十多本,被引进中国后,经过包装和运作,上市头天就卖掉五千多册。出版商请该作家到中国来签名售书,当出版商告诉她,她的书非常火爆之后,这位女作家放弃了签售。她说她的书最多属于一百个人,超过一百个人都是盲从,这样的火爆是虚假的繁荣,说明读者极度不成熟。

　　显然,这位极有个性的女作家不愿意为一群盲从的读者浪费签售的时间——认为自己的书只属于一部分人,销得太多了不但不感激,反而鄙视;不奢望所谓的"雅俗共赏",却具有为最后一个懂得自己的读者写作的勇气……她似乎在向狂热而无知的人们表明,什么是真正的写作,什么是真正的阅读!

　　细心的读者会发现,如果将广西师范大学出版社公布的"死活读不下去排行榜"和近年来公布的各类畅销书排行榜进行比较,会发现一个令人困惑的问题:为何有些排名靠前的畅销书(诸如马尔克斯的《百年孤独》、昆德拉的《不能承受的生命之轻》等)却又出现在"死活读不下去排行榜"上,这不是自相矛盾吗?非也。

　　这个关键的问题恰恰说明了像《百年孤独》这样的经典名著的畅销,也是粉丝阅读的一个变种。尽管许多人连加西亚·马尔克斯是哪国人都一无所知,也早就知道这本书并不易读——包括难读难记的外国人名,但在传媒包装营销、榜首效应的推动下,大家硬是都当了一把马尔克斯的"伪粉丝"(据我所知,能完整读完该书的人很少),依然选择了购买《百年孤独》,因为消费本身已经成为了一种符号和象征,一种时尚和风潮。正如当年的畅销书《不能承受的生命之轻》是中产阶层小资情调的符号与象征。

　　当然,比起真经典的伪粉丝,可怕的多的是烂书的真粉丝,越来越多的所谓青年偶像作家在如今的"粉丝经济"中成为弄潮儿,

不能承受的阅读之殇

这些拥有固定粉丝的作家将自我从写作中抽离,以粉丝为写作对象,以满足市场的需求为主要目的。可以说,他们从根本上违背了写作最基本的定义:自我风格和美学的塑造、自我的独特思考和独立表达。为粉丝写作,实质上就是消费式写作,构成了如今流行的时尚文化的一部分。

必须指出的是,出版界的一些奇怪规则也为粉丝写作推波助澜,比如书籍的定价竟然是以纸张而非其内涵确定,因此写作的效率就极为重要,谁在相同时间内"生产"了更多的文字(页数),他就在这场出版竞赛中占据了领先地位。这也解释了为何粗制滥造的书籍占据了市场中图书相当大的比重,而真正有内涵、有价值的优质书籍却又少之又少的原因。

"水至清则无鱼",粉丝阅读当然不能没有,但也不应该大面积存在。它若演变为一种波澜壮阔的风潮,就不是一个健康的文化症候了。因为"粉丝阅读"造成一种虚假的文化繁荣,表面上热闹,但内虚得厉害。一阵风过后,可能会是一地鸡毛。

 给阅读一点时间

读图时代：图像对文字的胜利

近年来，由电视文化和网络文化所催生的注意力经济（亦被称为"眼球经济"）成为人们耳熟能详的"学术词汇"之一。按照人类注意力的一般规律，什么样的信息对人的视觉更有冲击力，就更能吸引人的目光。因此，在这个商业无孔不入的时代，似乎谁能最大限度地吸引公众的目光，谁就能获得最大的经济效应。对于纸质出版物而言，显然图片比文字更具视觉冲击力，加之读图更加节约时间，减少大脑疲劳，这一偏好逐渐成为社会的一种风尚，并将整个社会一举带入了"读图时代"。这方面最著名的例子就是一本名叫《秘密花园》的无字天书占据了各类畅销书榜单的首位。

对于书籍而言，图文并茂当然是一件好事，图片对文字的诠释作用可以帮助读者加深文字理解和形象记忆，提高阅读的有效性和趣味性，从而扩大阅读的受众。正如作家冯骥才在《读图时代》一文所写："一本纯文化的书，多插入一些优美的图画，不仅丰富书的内涵和阅读方式，全方位地感染读书；书的本身也具有了珍藏乃至礼物的性质。"

然而，凡事都得讲个度，就如希腊人认为美就是比例的和谐，若以此来审视如今的书籍生态，就能发现诸般丑态了。首先，现在的书籍装帧越来越考究，有些书封皮扉页穿金戴银，甚至用上绸、

不能承受的阅读之殇

布、皮,似乎书籍是用来收藏而非阅读的,但细究里面的内容,水准平庸也就罢了,有些更是错漏百出,不忍卒读,实在是舍本逐末,令人痛心!其次,那些看起来很有"时尚感"的快餐读物越来越泛滥,许多成年人的书籍看上去倒像是儿童读物——图片占据了很大的篇幅,而真正作为阅读载体的文字却渐渐沦为图片的一种"注释"而渐趋尴尬。

在这个经典阅读被"三大杀手"绑架的时代,传统的经史子集等国学经典少人问津,但各种"插图本"或对正史、名著的"戏说""水煮"系列图书,却广受追捧和热议。最新的趋向似乎是,是书就要配图,而且插图、照片一样不能少。甚至于有的书把民间木刻、美女画、建筑照片、现代版画、西方油画等给一锅煮了,简直不伦不类,美感全无。更糟糕的是,过多的与内容相关性不大的图片,造成喧宾夺主的阅读效果,反而妨碍对文字的理解,进而稀释了阅读的意义。

对于这种重图轻文的不良风气在出版界的蔓延,以藏书、评书、品书著称于文坛的已故作家黄裳曾在《读书》杂志上撰文,以其睿智深刻、明澈诙谐的散文风格,对如今的图文书进行了一番品评,读来兴味盎然:

> 图文书是开国以来出版的弱项,现在曙光初现,一扫过去寂寞空疏的局面,正是值得举双手欢迎的大好事。……但图文书这玩意儿实在并非可以轻易着手的事物。前些时笔者印过一本《黄裳序跋》,编者自行删去了几篇较长的考订文字,腾出篇幅填上大量图片,相关和不相干的,打扮得花枝招展,就像大观园中的刘姥姥,经鸳鸯、凤姐打扮,插了满头花朵一样。

黄先生的文字虽含蓄诙谐,个中褒贬却一目了然。过分强调外

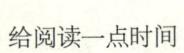
给阅读一点时间

在的修饰,往往会淹没书之为书的本质和内涵,更会贻笑大方。一本有分量的书籍,除非它本身就是图片集,否则其内涵应该是靠内在的文字力量来体现的。因此,一味地迎合消费者的读图倾向,必然会陷入某种恶性循环,其结果便是文字越来越居于从属和边缘地位,即使在许多书籍的出版上,亦是如此。

事实上,读图风尚愈演愈烈的背后,依然是泛娱乐化精神起着主导性作用。这种精神只求取悦读者和观众,实现利益最大化,却拒绝思考、拒绝承担,甚至拒绝意义——而文字恰恰是表达思考、承载意义的最佳载体。如果书籍变成娱乐产品,就像刘姥姥装扮成风姿绰约的少女,一场欢乐之后,剩下的将是文化的枯萎。

* * *

与书籍相比,杂志在我们的读图时代受到的影响可谓是灾难性的。环顾一下我们周围的书报亭就不难发现,花花绿绿的各类杂志都以鲜艳甚至妖艳的图片为主,所谓的时尚杂志占据了明显的主要地位,它们的封面多是俊男靓女、明星大腕的最新照片——魅惑的眼神、暴露的服饰、夸张的造型,除了透出浓郁的欲望气息,似乎看不到别的东西。逐一浏览发现,从服饰配件到美容保养,从时尚男装到娱乐明星,从家居购物到诱人美食,各种类型的时尚杂志可谓应有尽有,占据了书报亭的大半空间。

时尚杂志虽然品类繁多,但只要细究个中,就不难发现它们都有两个共同的特点:一是须臾不离时尚,二是充斥着大量的商业广告,而目的只有一个,就是诱使阅读它的人乖乖地掏钱进行相关消费。这时,我才猛然意识到,时尚杂志首先是商业产品,然后才是文化产品。否则它们何以成为"主流"呢?

是的,商业性成为了诸多杂志的第一属性,许多杂志成了"半

不能承受的阅读之殇

本广告"外加"半本疑似广告",这也就不难理解,为何相比于图片的精美诱人,其间的文字却读来苍白无力,因为在强大的图片攻势之下,文字本来就是边缘性的存在,甚至是可有可无的。时尚杂志《外滩画报》早在2009年就刊出了《从读图时代到修图时代》的主题文章:性、谎言、Photoshop三者并列,构成了时尚杂志的底景。Photoshop让地球变成了一个真实与虚幻并行的,有如黑客帝国般的世界,它在杂志这种媒介中获得了类似于"大规模杀伤性武器"的惊人效果。

有了PS绝技,就可以把模特的短腿加长、平胸填满、鼻子隆高、毛孔收缩,让丑小鸭变成天鹅,而读者却浑然不觉。它让艺术向技术倾斜,令创意日益稀薄,使具有高超图片处理能力的编辑成为了杂志的主宰。面对它们,我们付出了金钱和时间,收获的却是欺骗和谎言。最可怕的是,久而久之,谎言变成了真理。

与各种吸引眼球、热闹喧嚣的时尚杂志形成鲜明对比的,是众多人文思想类杂志的冷清、寂寥和困窘。"2013年一季度杂志消费属性分布数据"显示,读者在购买期刊杂志时,选择"时尚美容服装"和"经济与管理"的最多,分别占到52%和13.6%,而选择"文学文化艺术类"仅占1.7%。

同年8月,《绍兴晚报》刊出了《浅阅读时代亲,你现在还看人文杂志吗》的文章,据曾经的东街夜市书摊常客龚先生回忆:"那时候每个月都会去买《万象》《书城》,一般都是在夜市的书摊上买,一本本慢慢看,那几乎是我单身生涯里最享受的一段阅读时光!"而如今,东街夜市上原本书摊的位置早已被手机店和箱包店侵占。在绍兴市区的一家书摊,老板做了多年的杂志生意,他的摊上已经没有人文杂志。他告诉记者:"早五六年前还会进几本《小说月刊》《读书》之类的,也能卖掉一些,现在杂志都卖得一

57

般,最好卖的也不过是时尚类的。"

一份数据、一个案例,一点一面之间,不由让人感慨娱乐文化对精英文化的颠覆,虚假图像对经典文字的胜利。

早在2005年,沪上知名人文杂志《书城》就已经历三次停刊,"有思想的人都很寂寞,幸好还有好文章可读",《书城》的这句广告语曾经温暖了无数的心灵,但残酷的现实似乎让人们逐渐意识到,如果好文章也读不到了,有思想的人只会更加寂寞。近几年,甚至连稳坐国内人文思想类杂志头把交椅的《读书》,也被屡次传出停刊的消息,尽管杂志社很快出面辟谣,但也不得不承认《读书》的风光的确大不如前,步履艰难。

据杭州知名的独立书店——晓风书屋的主人姜爱军介绍:"名牌期刊《读书》,以前在我们店里每期能走掉一两百本,如今的销量是一二十本。这还算是好的。"人文杂志的凄凉可见一斑。2013年7月,老牌人文杂志《万象》一度长达四个月不出刊,并陆续向一些订户退还订费,被业内人士和网友纷纷怀疑为"无征兆停刊",后来在得知竟然是因为"有稿子在编辑部里没有达成统一意见",这样的原因显然令人难以信服。

对于国内人文思想类杂志的困境,显然与"三媚"当道的社会整体阅读风气紧密相关,人文思想类杂志内容没有娱乐性,文字不够碎片化,作者鲜有明星大腕,当然只有没落的命运了。正如《三联生活周刊》主笔王小峰的判断,人文类杂志之所以出现整体失落,"首要的原因就是当下国内的文化氛围渐趋稀薄。爱读书的人越来越少,纯文化杂志也很难不遭到冷落"。

对此,一位名叫"小鱼鱼"的网友大胆吐槽人文杂志,个中观点在国人尤其是年轻人群体中很有代表性:

《万象》越来越不好看,文章冗长无趣,文字严肃艰深,考据文章一篇接一篇。数字时代的"新人类",更习惯于打游戏、刷微博、聊微信,与网络上让人眼花缭乱的鲜活资讯相比,《万象》的确"太不好看了"。

而就在一峡之隔的对岸,台湾人文刊物《经典》不仅生存得很好,而且还在扩张之中。总编辑王志宏指出,《经典》不仅有基金会的支持,也有稳定的品牌合作伙伴。更重要的是,杂志靠发行挣钱,《经典》的主要发行对象是知识精英阶级,学校、卫生、研究机构等文化单位人群则是杂志的重要订阅力量。

相比于大陆稀薄的文化氛围,台湾显然比我们好多了,从诚品书店,到《经典》杂志,再到传统文化教育,我们每每难以望其项背。有识之士一定注意到,相比于可能存在虚假繁荣的书籍市场,如今的杂志市场似乎更能反映出国内文化生活的原生态,因而也更值得引起人们更多的关注和反思。

* * *

在"注意力经济"的新法则下,图像似乎具备了种种神奇功能,它可以决定特定商品的市场份额,可以左右人们对一个品牌的认知和接纳程度,甚至可以让某些人塑造或确认自我身份,以及民族的、阶级的、种族的和性别的认同,还可以仿拟一个虚拟现实的世界,提供这个时代特有的、感性的、快乐主义的生活方式。为此,图像必须为自己找到一种最强大的媒介,以将这些神奇的功能发挥到极致。众所周知,这种媒介不是书籍,更不是杂志,而是如今无所不在的互联网。

说到底,所谓的"读图时代"正是互联网发展的结果,在信息

给阅读一点时间

极大丰富的互联网世界，真正稀缺的是注意力资源，图片比文字更具有感官吸引力，也就更容易被注意和点击。2011年，中国最大的互联网搜索公司——百度董事长李彦宏在公司联盟峰会上发表演讲，指出中国互联网领域创业的三个新机会，其中之一就是"读图时代"，他说："图片内容在互联网的信息量正在超过文字，这当中隐藏着很多值得挖掘的信息。"

其实，图片信息量是否超过文字并不是最重要的，真正值得注意的是，如今一张图片所引起的关注可能秒杀千万文字，而那些隐藏的信息由于被过度挖掘，让事情逐渐走向了反面。今天，打开任何一个所谓的主流门户网站，首页的醒目位置都赫然闪烁着各种动态和静态的图片，它们极大地调动了人们的注意力资源，而当你浏览这些图片时，发现各式各样的美女几乎占了半壁江山，从娱乐明星到车展模特，从电台主播到足球宝贝……形形色色，千姿百态，但大多都有一个共同的特点，就是衣着暴露，卖弄色相。

毋庸讳言，以情色文化来博取网民的眼球，这几乎成了中国互联网文化的潜规则。尽管中央三令五申整治互联网低俗之风，但似乎总是"野火烧不尽，春风吹又生"。更糟糕的是，这些图片好像无处不在，几乎任何一个栏目的网页打开后，在该页的某些位置总是会干扰你的视线，无论是博客，还是新闻，乃至邮箱，都是如此。当你终于找到一张干净的网页，想从容地读点东西之时，一个窗口却又突然弹出，甚至出现性感美女又在向你招手的图片。试想，当你在认真阅读之时，有人拿着一本《花花公子》（*Playboy*）杂志在你面前摇来晃去，会是什么感受呢？

除了美女图片之外，血腥、暴力、恐怖、搞笑、诡异的图片占据了相当的比例，目的只有一个，就是越刺激、越新奇，越是可以吸引无数的眼球，越是可以利益最大化。至于低俗还是高雅，有益

不能承受的阅读之殇

身心还是损害身心,则鲜有人关心。事实上,长期在大量的无聊、低俗"魅图"攻势之下,身心逐渐处于游离状态,注意力趋于高度涣散状态,我们很难在互联网上阅读到有深度的东西,光怪陆离的各色图片消耗了我们太多的注意力资源,让我们在网上疲于奔命,对于文字信息则是匆匆带过,一目十行,心不在焉,这在本质上是"反阅读"的。

当注意力法则凌驾于一切之上,迎合和满足人的各种原始欲望的东西就获得了极大解放,弗洛伊德所谓的"本我"四处冲撞,左右逢源,将"自我"带向低俗、本能之境,而"超我"则遁匿无踪了。这显然不是大多数人上网的初衷,却成了如今许多中国人的真实写照,尤其是在互联网文化中成长起来的这代青少年,受到了互联网情色文化和低俗文化的不同程度的冲击。对于他们而言,一张艳照足以摧毁十部经典,这就不难理解为何像《小时代》这样的电影会受到"90后"和"00后"如此疯狂的追捧,在这样无处不在的网络文化氛围中成长起来的一代人,他们的文化修养和审美趣味怎能不令人堪忧呢?

20世纪的伟大哲学家海德格尔(Martin Heidegger)曾说:"我们进入世界图景时代,世界对于大多数人来说已经变成一系列图景。"但他一定没想到,互联网将人们带到了另一个虚拟的图景世界。读图未必就比读文低俗和肤浅,但当图像在争夺注意力的战争中肆无忌惮,毫无底线之时,"美图"就成了"媚图",变成了"大规模杀伤性武器",尤其在信息爆炸的网络世界。图像对文字的胜利,若是以这样的方式开启,真是令人哭笑不得的悲哀。

 给阅读一点时间

独立书店：不该消逝的风景

  浪漫主义者总在自己的作品中给别人留下理想空间，也将图书馆与书店在模糊的概念里快乐着自己的快乐："单向街"临窗的一壁设有沙发和书桌，供读者阅览与清谈。阅读专架上有几百册沈昌文先生捐赠的外文原版，显出应有的闲适和优雅。倘若准备坐下精读，可以自己冲一盏清茶或伴一杯咖啡，懒散地依偎着冬日的阳光，与1972年伦敦版的汤因比作伴，把插图本《历史研究》摊开，重新找寻已经恍惚的人类发展。假若想淘二手书，很可能会无意中收获签赠本。像捡拾别人一样让别人捡拾自己，书的流传就多了些故事。而书店把有故事的书留给爱书的人，"单向街"那一番心意随着书籍播散开来。如若有些倦怠，透过桌边的长窗看出去，孤村寒烟，有客携琴，少年梦里的浪迹天涯就在眼前，唏嘘与遐思都抵不过辽远的想象，就有置身世外的桃源感受……

  这是自由出版人杨小洲关于著名独立书店——单向街的一段深情的回忆文字。曾几何时，像这样的心绪、场景和画面，构成了许多人脑海中关于独立书店的美好印记。在一个阴郁的下午，走进一家独立书店，放下心情，听一段音乐，喝一杯清茶，读一本好书，坐在这城市的寂静处，让一切喧嚣走远。那些时刻，书店变成了世

不能承受的阅读之殇

界的中心,让那些城市中的孤独灵魂可以去寻找与自己相近的心灵,在人群中学会独处,在独处中寻觅慰藉。独立书店作为一座城市孤独的文化风景,与城市中无数孤独的男男女女,相互注解着彼此存在的意义。

作为文化品位和自由情怀的坚守者,独立书店不售教辅、成功学、育儿等实用性书籍,也基本不售市面上流行一时的所谓畅销书,而以文学书籍和人文社科类经典为主,依自身的风格定位而各有侧重、各具特色。独立书店坚持不迎合顾客,不追赶潮流,以其自成一格的形态,一度与其他形态各异的图书零售市场几分天下。其中不乏知名者,如南京的先锋书店,北京的万圣书园、风入松、雕刻时光和单向街图书馆,上海的季风书园,厦门的光合作用,杭州的晓风书屋,成都的西西弗书店……这些熟悉的名字构成了一代人的集体文化记忆。然而,随着网络书店和数字阅读的冲击,以及阅读功利化的愈演愈烈,其中的不少书店如今都面临着歇业乃至倒闭的厄运。

据北京万圣书园总经理刘苏里介绍:"书店行业的第一个寒冬期出现在2000年到2004年,有70%以上的书店开始转型、歇业,甚至倒闭。其中不乏一些知名书店,比如广州的树人、合肥的黑土地、杭州的卡夫卡以及沈阳等地的一些三联书店。到了2009年,新一轮的书店歇业倒闭潮来袭,波及了广州的三联、北方的第三极、厦门的光合作用等,这时公众才注意到,这些记忆中的美好书店正在淡出我们的生活,直到今天,书店歇业倒闭潮还远没有结束。"

2011年,上海知名乐评人孙孟晋在微博上发布消息,位于来福士五楼的季风书园被传即将关门歇业,原因是租约到期,租金要涨,店方无力承担,呼吁全社会支持。几乎就在同时,北京的文化地标——风入松书店也"陷入经营困境",从原址迁出。2012年5月,作为单向街图书馆的创办人之一,于威在微博上向广大网友求助:"单向街图书馆目前遭遇了一点危机:合约即将到期,房租大涨,无以为继……拯救单向街。"据统计,仅仅从2007年到2009年,全国民营实体书店就减少了约一万家。

尽管全世界的独立书店都面临着困境和危机,但独具中国特色的是,在这960万平方公里的国土上,独立书店原本就少得可怜。美国普林斯顿大学有位教授做过一份调查,他走遍了全美国50个州,在数百个城市的大街小巷寻找书店(美国的独立书店约占实体书店数量的10%),逐一在地图上面标注,回到研究室后列出一张叫做"最爱读书的城市"排行榜,榜首暂且不谈,榜尾最差的一个地方是美国中部沙漠地区,这个地区一个小镇只有9家书店,被评为最不喜欢读书的城市。天哪!一个有着9家书店的小镇居然排名榜尾!我想任何一个中国人都会大吃一惊。

今天,漫步在中国各大城市的大街小巷,你会发现餐饮店、按摩店、棋牌室、KTV鳞次栉比,绝对是书店数量的N倍。即使是上海这样的所谓国际化大都市,你依然会吃惊地发现,走过了好几个街区,却没有发现一家独立书店的踪影。大城市尚且如此,更遑论乡镇、农村!正如有网友在得知北京风入松书店倒闭时的感慨:"哎,书店是一个接一个地关门倒闭,取而代之的是洗头的洗脚的店拔地而起。"这与大前研一的旅行观察可谓如出一辙。另一网友则附和道:"同叹息,每少一家书店,就多一座精神病院。"如果独立书店照这样的速度消亡下去,将来必定比大熊猫还要稀少!这不由让人想起莎士比亚对生命的嘲讽:"充满喧嚣和躁动,里面却空无一物。"有一天,我们的城市会变成这样吗?

不能承受的阅读之殇

*　*　*

  国内著名出版人路金波曾在接受《第一财经日报》记者采访时表示："诚品书店之所以成功，是因为台湾人的读书阅读率高，且其核心买书人大都是年轻人，但在中国大陆，买书的大都是老人和小孩，且国人的阅读率远低于全球平均水平。只有中国人最基本的文化需求提高后，实体书店的命运才可能有所改变。"

  其实，路金波的话只说对了一半。大陆独立书店近年来的大量消亡，不仅仅是因为国人精神文化需求不足，另一大原因在于独立书店同质化现象较为严重，在美学设计、整体定位、经营策略和商业模式等方面存在着诸多问题。这方面，海峡对岸的诚品书店堪称典范。自1989年由"哲学商人"吴清友创立以来，诚品书店至今已开设了50多家连锁店。值得一提的是，尽管发展为连锁书店，但其骨子里的独立书店的人文气质一脉相承——以其人文、艺术、创意、生活的核心价值，沉稳、优雅、温馨、具有欧洲图书馆风格的精致环境，备受台湾文化人和广大市民的赞誉。

  时至今日，诚品书店的文化影响力早已走出宝岛台湾，甚至在苏州开设了大陆首家分店。正如2006年元旦吴清友在信义旗舰店开业仪式上的霸气宣言："我要打造一座阅读与生活的博物馆，使这里成为台湾面向世界的文化窗口。"诚品书店的成功背后，是普通台湾人对精神文化的追求和认同，对城市文化空间的流连与守望，也源于吴清友执著的性情和极具前瞻眼光的商业模式。

  放眼全球，作为城市地标的著名书店更是不计其数。

教 堂 书 店

  在荷兰最南部的小城马斯特里赫特（Maastricht），静静地坐

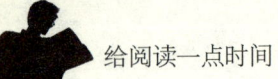
给阅读一点时间

落着一家被英国《卫报》（*The Guardian*）评为世界上最美的书店——教堂书店（Selexyz Dominicanen Bookstore）。就在我国书店经历第一个寒冬期的2001年，荷兰最大的连锁书店集团Selexyz向马斯特里赫特的市议会提出了申请方案，希望将其中的一座修建于公元13世纪的古教堂打造为书店，双方一拍即合。经过四年多的修复工作，这座世界上最漂亮的教堂书店于2006年正式开业。

古老的建筑、高大的穹顶、艳丽的壁画与上千种精美书籍完美结合在一起，给人以强烈的视觉冲击，任何一位走进书店的人想必都有一种朝圣的感觉，壮丽、恢弘而又精美绝伦的审美享受包围着来自世界各国的爱书者。书店中有一个三层楼高的黑色钢制书架，它从地面一直延伸到教堂顶部的石拱处，通过梯子或书架旁的楼梯可以上到最高层。站在上面俯视教堂四周，读者便会有种坐拥书城的感觉。在这样的氛围中，感觉不读书简直就是犯罪！

雅典人书店

无独有偶，就在万里之外的阿根廷首都布宜诺斯艾利斯，有一座与荷兰教堂书店相似命运的著名书店，即由废弃剧院改造成的顶级书屋——El Ateneo（译作"罗马人书店"或"雅典人书店"）。坐落于布市圣达菲大道的剧院始建于1919年，其设计出自建筑名家之手，剧院内部装潢典雅，穹顶壁画由意大利画家纳萨雷诺·奥兰迪（Nazareno Orlandi）绘制，表现了经历过战争的人们对和平的期盼。

进入20世纪70年代，书店因年久失修而逐步废弃。就在荷兰教堂书店修建方案提出的前一年，即2000年，布宜诺斯艾利斯市政府同意ILHSA集团在完全保留剧院原建筑风格的基础上，将其改造成为颇具品位的豪华书店。书店共有三层，营业面积逾2000平方米，

不能承受的阅读之殇

为南美之冠。舒适幽雅的剧院包厢被改成小阅览室，大舞台变成提供精美点心、上等饮品的咖啡厅。咖啡厅"菜单"照乐谱编制，点点滴滴体现出设计师的独特匠心。当地人骄傲地表示，这个书店成为了布宜诺斯艾利斯的一大象征。

莎士比亚书店

在世界艺术之都巴黎，诞生于第一次世界大战之后的莎士比亚书店（Shakespeare & Company）看似和巴黎大多数的古老书店没什么区别，但这里却被誉为英语世界文学青年的庇护所和乌托邦。没错，这里是乔伊斯（James Joyce）的出版社，是海明威（E.M. Hemingway）的图书室，是菲茨杰拉德（F.S.Fitzgerald）的咖啡馆，是艾略特（T.S.Eliot）的演讲厅，是"垮掉的一代"（Lost Generation）的借住所，还是无数流浪作家的通讯地址。一句话，这里是文学书店中的不朽传奇。

作为这家传奇书店的主人，乔治·惠特曼（George Whitman）的前半生基本都在世界各地旅行，孤身一人，跋山涉水，苦行僧一般，但他最终停在了巴黎。"身体到不了世界的所有地方，阅读却能让灵魂插上旅行的翅膀。"惠特曼曾说，"我想开一家书店，因为经营书就是经营生活。"进入本世纪之后，书店并没有停下前进的脚步。从2003年开始，每两年一次的莎士比亚书店文化节，邀请最前沿的英语作家来到巴黎，与读者见面交流。

2006年，鉴于惠特曼的书店对巴黎文化领域作出的杰出贡献，巴黎政府授予他法国艺术及文学骑士勋章。2010年，书店设立"巴黎文学奖"（Paris Literary Prize），世界各地没有出版过作品的人都可以参赛，头等奖是1万欧元奖金和在巴黎游玩一周的机会，得奖者可以在书店的活动中阅读自己的作品章节……回眸莎士比亚书

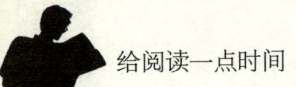
给阅读一点时间

店的历史，我们似乎可以嗅到一丝"时光流转，书店永恒"的不朽气息。

城市之光书店

大洋彼岸，位于美国旧金山北海滩的城市之光书店（City Lights Bookstore）同样是文学书店的骄傲，这家1953年由劳伦斯·费林盖蒂（Lawrence Ferlinghetti）创办的个性鲜明的书店已经走过了60多年的岁月，它曾是艾伦·金斯堡(Allen Ginsberg)和杰克·凯鲁亚克(Jack Kerouac)的"家"，"垮掉的一代"的大本营，"反叛文化"的路标，即使在如今多元文化和网络时代的冲击下，依然傲然屹立。或许是效仿笛卡尔的名言"我思故我在"，城市之光书店的宣言是"我读故我在"。

如同卓别林的电影《城市之光》（City Lights）一样，我们在这个城市的水泥森林中流浪，寻找爱情，寻找梦想，生活中却充满了浮躁、不安和紧张，这些情绪如同梦魇与每一个城市人紧紧相随。书店，是城市的一个梦，是一种生活方式，它提供阅读、聆听与交流，在精神层面它承载着与另一个世界的出口。作为"垮掉的一代"的发源地，城市之光书店代表着自由、平等、先锋的生活理念，与城市之光书店的相遇，就好像与一种生活方式的相遇。如今，城市之光书店已经被旧金山政府宣布为第228号标志性建筑物，很多游客都会专门跑到那里看看，慕名从书店买一本凯鲁亚克的《在路上》（On the Road）。

必须指出的是，相比于这些在世界范围内的熠熠生辉的地标书店，更应该引起我们关注的是散落在各个角落的社区书店。正如我们在衡量一个国家的体育水平时，不能仅仅关注奥运冠军和世界冠军的数量，更要关心的是这个国家普通公民的体育素养和竞技水

不能承受的阅读之殇

平。以美国的独立书店为例,最令人惊叹的不是像城市之光书店那样显赫的地标性书店,而是遍及美国各个小镇的社区书店,这才是美国阅读文化的真正强大之所在。

众所周知,由于美国非常重视社区精神,很多独立书店都建立了社区读者俱乐部,让书店不仅成为人们汲取知识的场所,也成为邻居朋友们交流思想、增进友谊的地方。在很多地方,独立书店变成凝聚社区的纽带,这让独立书店获得了源源不断的力量。更有意思的是,美国的独立书店会和社区的一些自由作者、诗人以及插画师建立合作,不仅为他们提供工作环境,而且定期举办交流会,传递读者感受,激发作家灵感,让思想的火花通过对话真正走进社区,进入寻常百姓家。反观我国千千万万的小镇和社区,书店的数量实在是少之又少,以我出生的江南小镇(人口10万)为例,如今镇上仅有一家新华书店(以销售教辅类书籍为主)和一家独立书店,但棋牌室的数量却多得惊人。

2014年,一场关于"实体书店的未来"的主题论坛上,美国书商协会(American Booksellers Association)CEO奥伦·特切尔(Oren Teicher)反复强调一个统计数字——全美独立书店门店数量自2005年以来首度超过2000家。显然,这可视为美国书业逆势上扬的标志之一。不到十年时间,美国独立书店就在数字图书和连锁书店的双重夹击下完成了逆袭,不由让人感叹其创新精神的强大和书店文化的深厚。

* * *

一座座城市将一大群人聚集在一个狭小的空间中,将人切割开来,让我们彼此疏远。书店是一个共同体,用书将读者联结起来。因此,书和书店,书和城市,彼此有一种很特别的紧张关系,书店

给阅读一点时间

承载的正是我们对那些尚未被计算机和大卖场替代的思想和情感纽带，书店让我们可以彼此更紧密地在城市里面好好地活着，或者更准确地说，活得更像个人。

万圣书园的常客、北京航空航天大学法学院教授高全喜曾深有感触地说："万圣早已不只是个书店，它已经成为北京思想文化交流的一种象征物，就像民国时期上海的内山书店。来这里买书的人，都是希望在这个氛围中，摸摸书，见一些老朋友聊几句，喝喝茶，买书本身已经变成次要。这是一种享受，寻找思想交往的享受。"一家优质的书店就是一个思想市场，和热闹非凡的菜市场恰好相反，书店通常都比较安静，只有思想在喧哗、在交锋。

去北京寻"万圣"，去南京访"先锋"，去上海探"季风"，去杭州品"枫林晚"，去广州觅"学而优"，去台北逛"诚品"……当网络书店越来越吸引读书人的目光时，消逝的不仅仅是坚守文化品格的独立书店，其实更是一种生活方式和生命姿态。

因此，缅怀和反思独立书店的消逝，并非漠视网络书店和数字阅读，而是回眸一段情感记忆，追寻一类生活方式，祭奠一种文化氛围，这是任何一个真正热爱阅读之人所共通的心绪和情结。正是形形色色的独立书店，教会了一个人——无论他是否上过大学——如何在人群中独处，在独处中会聚，更教会了一个人如何用独立于政治、独立于商业、独立于受众的自由精神去阅读、思考和感悟，这实在是人生旅途中的重要一课，值得每个人用心体会。

对于独立书店及其文化的理解和感悟，美国作家刘易斯·布兹比（Lewis Buzby）是位大家，他的名著《书店的灯光》（*The Yellow-Lighted Bookshop*）深情地叙述了书与书店的历史，细数他所喜欢的位于世界各地的书店，还有许多跟书有关的动人故事，既有深情厚意，也不乏真知灼见，摘抄几段精妙的文字，与读者共同

不能承受的阅读之殇

感受独立书店的独特与美好:

> 书将我们与他人联系在一起,这种联系建立在独处之中。一个读者独处一隅聆听一个作者的心声。……这种独处与会聚实在是可爱的搭配,就好像书店在消解图书的孤独。

> 书店向来是交换时代思想的市场,在塑造公众话语方面起到促成的作用。书店经常是捍卫言论自由的阵地。在西尔维娅·比琪的莎士比亚书店的赞助下,乔伊斯的《尤利西斯》才得以面世,没有劳伦斯·费林盖蒂的城市之光书店,金斯伯格的《嚎叫》要在数年之后才能跻身文学殿堂。

> 一个书店就是一座城市,我们日渐完善的精神自我居住其中。

> 那些书仿佛变成城市里灯光闪烁的窗口,诱惑地显露出居住在封页之间的百态人生。这已不仅仅是生意,这是快乐,精神和肉体的快乐。

作为城市的文化地标,城市文化生态的缩影,人类灵魂的归属,独立书店因其独立的人文性和坚守理想的勇气,为每一个爱阅读、爱思考的"大地上的异乡者"提供了一处灵魂诗意的栖息地。当人们徜徉在一排排书架所构筑的文化氛围,置身于近乎宗教般的神圣感觉中,每一个自由不羁的灵魂都能感受到她不依附的独立之美、不媚俗的人文理想之美、不放弃的坚守之美。

独立书店的存在,已经不单单是读书人灵魂休憩的地方,更是作为一座城市的文化地标,氤氲着整座城市浓郁的人文情怀。"如果有天堂,我想就是风入松的样子。"一位网友在评论栏留下了这

给阅读一点时间

样的评语。北京万圣书园的墙壁上,印着诗人郑愁予的两行诗:"是谁传下这行业,黄昏里挂起一盏灯。"这让人想起画家文森特·梵高(Vincent W.van Gogh)的金句:"一间暮色中的书店,宛若黑夜中发出的光芒!"在这个冰冷、残酷的世界的映衬下,它们都显得如此令人动容。

令人颇感欣慰的是,近来上海的实体书店尤其是独立书店似有回暖迹象,包括钟书阁(闵行分店)、三联(朱家角店)、半层、诗·集、衡山·合集、言又几、西西弗、犀牛、MUJI BOOKS、Mephisto等一大波实体书店逆袭开业,让冬日的上海平添了一分别样的暖意。是的,一个城市中可以没有星巴克、没有麦当劳,但是不能没有书店——心智和灵魂的栖息之处。只愿这书店的黄昏,在这个有着五千年文明的古老国度,迎来又一个破晓的黎明。

不能承受的阅读之殇

时间都去哪儿了

第12次全国国民阅读调查报告显示，2014年国民人均每天读书的时间仅为18.76分钟，创下了2009年以来的第二低值（2009年以前没有此项统计）。44.1%的国民认为自己的阅读量很少或比较少，只有10.2%的国民认为自己的阅读量很多或比较多。"工作太忙没时间读书"成为国民不读书的主因，比例高达37.1%；另有32.9%的国民不读书是因为"没有读书的习惯或不喜欢读书"。

仔细查阅历年的全国阅读调查报告，"工作太忙，没时间读书"几乎均为国人不读书的首要原因，这一数据在2008年甚至接近半数（47.53%）。我们不禁要问：除了上班和忙碌之外，中国人的时间都去哪儿了？

2012年，中央电视台财经频道（CCTV-2）公布的"CCTV经济生活大调查"数据显示：中国人最常从事的休闲活动是上网和看电视，通过与个人资料交叉对比可以看出，不论年龄、性别、文化程度、幸福感受，中国人最爱的休闲活动都是上网和看电视，且分布稳定。

无独有偶，《小康》杂志社曾联合清华大学在全国开展的国民休闲方式调查结果显示，公众休闲方式排名前两位的依次也是上网和看电视，排在第三位的则是看电影。

给阅读一点时间

此前,英国知名的特恩斯市场研究公司(Taylor Nelson Sofres)公布的一项跨国调查报告显示,在具备上网条件的所有中国公众中,平均44%的休闲时间被用于上网,该比率超过任何其他国家而居全球首位。综上可知,国人最多的时间都去了互联网,但这项世界第一的滋味可真不怎么样。只要看看人们都在互联网上忙些啥,就全都明白了。

中国互联网络信息中心2016年1月公布的第37次《中国互联网络发展状况统计报告》显示,在线聊天、刷微信、在线搜索、浏览新闻、听音乐、看网络视频、玩网游、网上购物、网络阅读、刷微博等构成了人们上网的主要内容。与读书时间的不断减少正好相反,2015年我国网民人均每天上网的时间高达3.74小时,较五年前的2.67小时增加了整整一个小时。

的确,从电脑到手机、iPad,各类基于网络的电子终端完全改变了人们的生活方式,一有闲暇,或刷刷微信朋友圈,或追追电视剧及最火视频,或上网各种比价淘货,或沉迷于游戏世界……而阅读的时间,也就不知不觉地从人们的指缝间溜走了。"每天有四五个小时泡在网上,也不知道在网上干嘛了。"在某机关工作的张小姐道出了许多人的心声。

如果说统计数据还让人觉得不够真切的话,那么只要对国人在各种公共场合如何消磨时间进行一番观察,就更加感同身受了。在地铁上,大部分人——尤其是年轻人——都死死地盯着手机或iPad,或是刷微信,或是玩游戏,或是看视频,不一而足,似乎离开了手机便无所适从;而其他的人则要么大声聊天,要么呼呼大睡,要么两眼空洞地发呆、出神,手捧着书阅读的人极为稀少,让人感觉在这样的氛围中,读书简直是一件令人惊讶甚至丢人的事——这不由让人想起萨特(Jean-Paul Sartre)的名言:他人即地

不能承受的阅读之殇

狱!

颇有意思的是,收藏家马未都先生的一段话印证了我的观察:

> 我前两天坐高铁,在车里溜达了一下,想看看有多少人读书。真不幸,我那车厢里就我自己拿一本杂志,剩下的人拿的不是手机就是iPad。那大家是不是拿着iPad看书呢,我过去一看,基本上都在那儿"切西瓜"。

是的,无论是火车站或机场的候客大厅,或是公园的草坪上,抑或咖啡馆或茶座,国人大多沉浸在浓厚的娱乐精神之中,而手机和iPad是他们最亲密的伙伴。孟莎美文中的法国游客对中国人不爱阅读的现象大惑不解,其实她是有所不知,如今的中国,在公共场合手捧一本书才让人感到惊讶或不屑呢!

了解了上述真相之后,你再也不用相信什么"工作太忙没时间读书"的言论,因为那实在是太扯淡了!有趣的是,与大部分国人普遍忙碌而"没时间"阅读的情况相反,真正忙碌、日理万机的国家领导人却大多是阅读的忠实爱好者。

2014年2月,国家主席习近平在索契接受俄罗斯电视台专访时说:"我爱好挺多,最大的爱好是读书。读书已成了我的一种生活方式。读书可以让人保持思想活力,让人得到智慧启发,让人滋养浩然之气。"近两年来,随着他先后出访俄罗斯、德国、美国、英国等国,他对世界各国经典的遍览与通晓令人印象极为深刻,而2015年《习近平用典》一书的出版,又让我们领略到了总书记对中华经典的熟稔和贯通。我们不经感慨:总书记哪有时间读那么多书?

2015年"两会"上,李克强总理连续第二年谈到了全民阅读的话题,他深有感触地说道:"书籍和阅读可以说是人类文明传承的主要载体,就我个人的经历来说,用闲暇时间来阅读是一种享受,

也是拥有财富,可以说终身受益。"

　　试想,一年到头几乎没有休假的中国领导人都能在百忙之中抽出时间阅读,甚至将读书视为一种生活方式,一份精神享受。那么我们呢?是真没有时间吗?每个人不妨扪心自问。

* * *

　　2004年,美国学者尼尔·波兹曼的《娱乐至死》一书由广西师范大学出版社引进大陆,一经出版,立即在中国知识界、教育界和普通读者中引起强烈震动。该书是对20世纪后半叶美国文化中最重大变化的探究和哀悼:印刷术时代步入没落,而电视文化蒸蒸日上,它改变了公众话语的内容和意义;包括政治、宗教、教育和任何其他公共事务领域的内容,都不可避免地被电视的表达方式重新定义,成为娱乐的附庸。

　　在过去的十年中,这些预言和判断在中国被一次次验证。波兹曼预言的那个为了娱乐而娱乐,除了娱乐之外一无所有的时代正在袭来。中国人在一二十年时间内品尝了浓缩历史的滋味,一切高速发展,变化目不暇接。从只有中央电视台一套节目,到家家户户普及有线电视,在上百个电视频道之间做艰难选择。几乎是一夜之间,全面娱乐化的时代已经到来。尽管从数据上看,上网力压看电视,成为中国人最热衷的休闲方式。但必须承认,如果就人群性别、年龄、文化程度的广泛性而言,看电视仍是如今国人的首选,毕竟互联网的普及率才刚刚过半,更何况如今通过手机、电脑或iPad,同样可以看电视。因此,电视文化变得更加无处不在了。

　　如果将上百个电视节目一一翻过,尤其是那些收视率极高的电视节目,中国电视节目的泛娱乐化倾向便一览无余。从"奔跑吧兄弟"到"极速前进",从"爸爸去哪儿"到"爸爸回来了",从

不能承受的阅读之殇

"花儿与少年"到"花样姐姐"……以及一波又一波的青春偶像剧、都市言情剧,无不渗透着娱乐到底的精神,甚至是本应严肃的历史剧也充满了戏说甚至胡说的味道。尽管如此种种有着高度的同质性和相似性,但是国人还是乐此不疲地沉浸其中。

照波兹曼的分析,电视确实具有这种魔力——让人淹没在电视制造的生活幻象中,似乎它真的全知全能,屏幕上闪现的就是生活和世界的全部。当一切都在用娱乐的方式加以阐述,我们以为自己在思考,其实一无所得;我们以为自己在控制节目,却不知道自己已被电视所控。因此,每个家庭居室客厅的正中——这个本应供奉神主牌位的地方,却毫无例外地乖乖"贡着"一台电视机,这正印证了法国评论家罗兰·巴特(Roland Barthes)的名言:电视已成为我们这个时代的"神话"。

如果说,在网络上还可能存在阅读这回事的话,那么面对电视机,我们和阅读显然是绝缘的。看电视永远是一种被动的接收行为,你从来都没有机会提问、质疑或对话,因为它停不下来;而(真正的)阅读是自由自主的,可以随时停下来思考,甚至做笔记。但电视容不得你思议,看电视时很难产生批判性的思考,一条足以让你感动落泪的新闻之后,可能紧接着一条娱乐性十足的爆料,让你的思想顿时一片空白,情感一片混沌。

因此,不论广电总局的"限娱令"如何严厉,也改变不了电视文化娱乐性的本质。一批庸俗的节目消失之后,另一批似曾相识的节目又悄然登场,过去十年间,中国的电视观众对此想必都了然于胸。在娱乐至死的精神鼓舞下,波兹曼著名的预言"我们所憎恶的东西未必能够摧毁我们,反而是我们热爱的东西最终会毁灭我们"犹如神启,我们和英国博物学家赫胥黎(A.L.Huxley)的"美丽新世界"(Brave New World)真的越来越近了。让人成为人的阅

读,则被电视文化的屠刀砍得遍体鳞伤——惨淡的国民阅读率和人均阅读量,即是明证。

对此,三联书店总编辑李昕先生曾在一场题为"阅读危机与文化传承"的讲座中谈及功利主义和娱乐文化对精英文化的戕害,可谓一针见血:

> 如果和80年代相比,我觉得80年代在我们的文化中占主流地位的是精英文化,但是在今天已经不是了,今天占主流地位的已经变成了一种消费式的流行的大众文化了,精英文化好像是被打败了一样。在这种情况下,从电影来看,现在的电影,你看到的那种严肃的、探索性的、纯粹的艺术电影已经很少了,甚至我们看引进的外国电影,意大利的和法国的都很少了,都是一些美国的商业大片,为什么?为的是票房价值。

是的,被娱乐至死精神所裹挟的,不只是电视,还有电影——曾被置于艺术殿堂的电影,如今已堕落为市井中人茶余饭后的谈资。一群年轻人聚集在"雕刻时光"咖啡馆讨论塔尔可夫斯基电影的动人场景已经一去不复返了。

近些年来,为了迎合大众这种高度娱乐化的口味,大陆上映的电影主要有两类:一类是美国的好莱坞大片,追求技术效果,讲究感官刺激,但内容往往比较肤浅和空洞,且千篇一律地弥漫着个人英雄主义的美国式价值观;另一类则是本土国产片,尽管近年来类型日趋多元,技术日渐提升,但在总体上难掩质量粗糙低下的现实,让人实在难以叫好。

值得注意的是,中国电影的怪圈已经显露无疑。尽管不断刷新票房历史新高,许多国产片也相继迈过5亿元甚至10亿元大关,但与此形成鲜明对比的是,几乎所有的"票房大片"都是口碑不佳的

"话题影片"——从《富春山居图》到《王朝的女人"杨贵妃"》再到《小时代》系列。其中,以"90后""00后"观众为主的《小时代》系列更是被评为"烂片之王",但前五部的总票房竟然超过20亿元,实在让人不胜唏嘘。

残酷的现实不得不让人意识到,中国社会的泛娱乐化精神正在进一步堕入恶俗、虚假和扭曲的深渊!烂片当道、跟风模仿以及圈钱、投机心理等现实,让许多人逐渐看清了中国电影虚假繁荣的本质。一切审美活动都具有双向性,国人的观影品位塑造着中国电影,中国电影也在塑造着国人的观影品位。糟糕的是,如今这种相互影响似乎已经进入了恶性循环。

众所周知,"90后""00后"正是在电视文化和网络文化中成长起来的两代人。沉迷于电脑、手机、iPad等各类电子产品,热衷于娱乐文化、消费文化乃至炫富文化,远离纸质阅读和经典阅读,造就了如今的审美趣味。在对《小时代》诸多的吐槽和评论中,大陆著名影评人周黎明的批评最酣畅淋漓、入木三分:

> 中国电影突飞猛进,《富春山居图》创造的超级烂片超级卖座纪录,不足一个月便将被《小时代》所超越。《小时代》之烂远远超过《富春山居图》,它的炫富和堆砌达到一种病态的境界。……多数"郭粉"想要买得起影片中的那些东西,过上影片里的那种生活,就得乖乖去找"老东西"当"小三""小四""小五",才有可能。这,就是该片隐含的价值观。

目睹了烂片当道、越烂越卖座的中国电影现状,我们就不难理解,2014年第五届导演协会年度表彰大会上,为何最有含金量的"年度影片"与"年度导演"两项大奖以空缺的方式揭晓。这不仅是中国电影的悲哀,更是中国人的悲哀!终评评委会主席冯小刚对

 给阅读一点时间

此伤感地解释道:"此刻该是我们回归电影本体的时候了。导演协会的表彰不应该是自娱自乐、皆大欢喜的,中国电影需要的不是安慰,而是应该树立一个需要大家努力踮起脚尖才能达到的标准。"

事实上,贾樟柯早就感慨:"中国电影之所以拍得不好,与从业者的阅读之贫乏是有关系的。"其实何止是从业者,中国许多影迷如此恶俗的欣赏趣味,又何尝不是与阅读之贫乏高度相关呢?!

* * *

至此,我们已经隐隐然感觉到闲暇世界的巨大意义,正如西哲所言:"欲知某人之性行之真者,必察其闲暇时、独处时,做何事。"爱因斯坦更是直言:"人生的差异在于业余时间。"其实,国家之间、城市之间的差距,又何尝不是发生在国民的闲暇时光呢?闲暇孕育了天才、大师和伟人,却也产出着浑噩之辈、沉沦之客、颠倒之徒、扭曲之人……事实上,工作世界未必那么至高无上,闲暇世界也并非无足挂齿。

众所周知,人类文明的许多转捩点都发生在闲暇时刻。例如,开创人类文明新纪元的"狭义相对论",构思于爱因斯坦在瑞士联邦专利局审理大量专利的空隙时光;现代主义文学经典《变形记》《城堡》《判决》等,创作于卡夫卡从保险公司下班回家后的夜晚时分;实证主义哲学经典《逻辑哲学论》的主体,成型于维特根斯坦担任志愿兵的第一次世界大战的战场;数学史上著名的难题——2的67次方减1是否为质数,破解于德国的数学爱好者科尔连续三年的所有星期天……

当然,并非所有的闲暇时光都能转换为惊世骇俗的创造,但重要的是,这其中透露出西方人的一种闲暇观,一种视闲暇为文化基础和创造源泉的理念。正是这种闲暇观,推动着西方文明发展到了

不能承受的阅读之殇

如今的高度。

对于西方的这种闲暇观,我们可以在德国哲学家约瑟夫·皮珀(Joseph Pieper)那本不到10万字的经典——《闲暇:文化的基础》(Leisure: the Basis of Culture)中找到最清晰透彻的阐述。"闲暇是构成西方文化的基础之一"这一著名论断,正是出自于此。他认为,闲暇不是休闲,也不是玩乐,更不是懒惰的代名词。人的存在并非仅是为了工作,工作只是手段,闲暇才是目的,有了闲暇,我们才能完成更高层次的人生理想,也才能创造更丰富完美的文化成果。因此,闲暇乃是文化的基础。

皮珀的闲暇并非通常中国人所谓的工间休息、双休日、黄金周,而是一种心灵的态度,也是灵魂的一种状态,可以培养一个人对世界的观照能力,这是西方世界的古老传统,可以追溯到亚里士多德。必须注意的是,此书出版于1948年,彼时二战刚结束,战败的德国人居无定所、食不果腹,忙于家园的重建,皮珀急于重建的却是精神的家园,担心这种自古希腊以来延续两千多年的闲暇观在战后的失落。德国人这种高度重视精神和思想力量的传统,对于他们二战之后重整旗鼓并再次腾飞起到了关键作用。这本薄薄的小册子也在随后的几十年间再版十多次,成为20世纪公认的哲学经典。

人生苦短,流年易逝。当我们的闲暇时光被网络、电视、电影等主宰之时,阅读就自然退居到相对次要的一个角落,我们也就失去了思考、观照和创造的机会。方兴未艾的闲暇经济学提醒我们,上网、看电视等都属于相对被动型的休闲活动,而当一个社会休闲活动单一,而且多是投身这种被动型的休闲活动,则不利于激发创新思维,不利于国家的可持续发展,也不利于个人的成长与健康,通常我们称之为"休闲病"。有专家指出,就国家层面而言,摆脱休闲病与创新战略密切相关:技术和资本是保证创新的有力条件,

给阅读一点时间

但一个社会对待闲暇文化和生活的态度，则是创新精神的源泉。

作为延续两千多年的古老传统，西方的闲暇文化孕育了大量的私人图书馆、私人实验室和私人博物馆，或许这才是真正的藏富于民。例如，德国每四人中就有一人藏书在200～500本之间，14%的德国家庭拥有私人图书馆。也就是说，超过1000万户的德国家庭坐拥私人图书馆。我想说，德国的国家创新力与这超过1000万户的家庭存在着紧密关联，因为大量的创造发明和文化成果并非来自大学或科研机构，而是来自民间。即便是致力于创新的大学或科研机构，许多最优秀的成果也并非源自五花八门的项目，而是闲暇的产物。这与著名学者许纪霖先生在《建立学术共同体的内在"行规"》（刊载于《清华大学学报》2014年第4期）一文中给出的论断如出一辙：一流的学术成果不是项目而是闲暇的产物。

反观国内，许多人沉迷于娱乐文化、炫富文化乃至于低俗色情文化中，各种搞笑段子、八卦新闻、囧图怪事成为争相热议的话题，炫豪车、养情人、办低俗派对成为不少"富二代"的新时尚；赶场式旅游、麻将扑克、推杯换盏、欢歌劲舞等更是司空见惯。令人悲哀的是，在这样花花绿绿、热热闹闹的闲暇生活背后，却是中国人幸福感的失落，疲惫感、空虚感和焦虑感可谓无处不在。

《大学》有言：知止而后有定，定而后能静，静而后能安，安而后能虑，虑而后能得。试想，没有止、定、静，何来安、虑、得？而前面三者正是阅读文化所特有的。人只有在阅读时，才能停下匆忙的脚步，独自面对自己、面对世界，重新审视生活的方向，回归内心的宁静和安详，真正有所省思、有所领悟、有所收获。

从这种意义上讲，多一个真正的阅读爱好者，就多一个幸福的中国人。

3 网络阅读：或止于浏览

只要窗口开得够多，读者在网上1分钟完全可以涉足15个阅读领域。方便自然是好的，但过分方便，用最浅层的技术手段代替专心致志，代替费点劲儿的阅读和思考，那后果是不堪想象的。

——王蒙

网络阅读：或止于浏览

工具塑造思维：
苏格拉底与柏拉图的两种文化

　　五千多年前，居住在两河流域的苏美尔人开始使用楔形文字，而在其以西百英里的地方，埃及人用以代表物体和思想的抽象象形文字也日益发达。由于这两种文字系统把很多音形兼顾的字符结合在一起，既表形又表音，较之更早的简单技术符号，它们对人脑提出了更高的要求。

　　阅读者想要搞清楚字符的含义，必须学会分析这些字符，领会其用法。随着这一文字系统不断发展，字符量逐渐增加，记忆和理解开始变得日益困难，文字的使用智能局限于拥有充裕时间和过人脑力的智力精英。如果想让文字这种工具在大部分人中得以普及，相关技术的简化就势在必行。

　　约公元前10世纪，智慧的古希腊人首先发明了完整的拼音字母——囊括了元音字母和辅音字母的文字系统，人类语言才得以大幅简化。聪明的希腊人仅用24个字母就代表了口语中的所有音素，字符的经济性大大减少了读写所需的感知和记忆资源，使得希腊字母一跃成为后来大多数西方字母的模板，其中包括今天还在使用的罗马字母。

给阅读一点时间

更为重要的是，希腊字母的诞生标志着一场对人类文明影响深远的革命的开启，那便是从主要依靠口头交流知识的口语文化转变为书写成为表达思想的主要媒介的书面文化。但对于这一转变，古希腊的哲人却态度不一，尤以苏格拉底和柏拉图为代表。

公元前4世纪初，写作这一行为在希腊依然是新奇事，而且充满争议，柏拉图在那时写下了关于爱情、美景与雄辩的对话体著作《斐德罗篇》(Phaedrus)，记载了雅典市民斐德罗与伟大的雄辩大师苏格拉底散步时迂回曲折的对话。对话的最后，他们谈及了书面文字。如今看来，这段对话所蕴含的意义极为深远，值得我们反复体味，思索再三。

苏格拉底经过深思熟虑后说道："写作中的恰当与不当一直成问题。"斐德罗对此深表赞同，苏氏接着讲述了埃及神明特泰(Theuth)与国王赛穆斯(Thamus)之间的一个富有哲理的故事。多才多艺的特泰是埃及字母的发明者，他向赛穆斯描述了书写的艺术，并提出应该允许埃及人分享这一福祉。他说，写字将会"让埃及人更有智慧，并能增强他们的记忆力"，因为书写"为记忆和智慧提供了诀窍"。国王赛穆斯则不以为然，他认为写作会把健忘注入人的灵魂，带给人的不是真正的智慧，而是智慧的伪装。

苏格拉底对赛穆斯的观点表示认同，他告诉斐德罗，只有"头脑简单之人"才会认为书面记录"胜过同样内容的见闻和回忆"。通过口头演说"铭刻在学习者灵魂中的智慧词句"远远胜过用墨水写下的字词。他认为书写只是"作为抵抗老年健忘的助记手段"而已，对于书写技术将外部符号代替内部记忆这一倾向，他表现出深重的忧虑：对字母这一技术的依赖会改变人的头脑，让人们面临变成浅薄的思想者的危险，阻碍我们达到能够真正带来智慧和幸福的智力深度。

网络阅读：或止于浏览

与雄辩的苏格拉底不同，他的学生柏拉图是一位写作者。虽然柏拉图也看到了苏格拉底眼中的危险，但他更看到了书写能够在人类智能方面为文明带来的巨大益处。人们相信柏拉图的对话体著作《理想国》（*Utopia*）的成书时间和《斐德罗篇》大致相同，在该书结尾处极具启迪意义的著名章节中，柏拉图让苏格拉底宣称禁止诗人进入他的理想国，并对"诗歌"极力抨击。

今天，我们知道诗歌作为一种写作样式，是文学的一部分，俄罗斯著名诗人、散文家约瑟夫·布罗茨基（Joseph Brodsky）甚至认为诗歌乃是人类语言的最高形式。但在柏拉图时代却不是这样。高声朗诵而非默默写下，侧耳倾听而非静静阅读，诗歌代表了口头表达的远古传统，其中的杰出代表便是盲诗人荷马的《伊利亚特》（*Iliad*）和《奥德赛》（*Odyssey*），这一传统一直居于希腊教育制度乃至希腊文化的中心地位。

因此，在精神生活中，诗歌和文学代表了两种相反的理想。柏拉图通过苏格拉底之口提出了自己的诗歌主张，这一主张不是反对诗歌，而是反对口头文学传统——既是游吟诗人荷马的传统，也是苏格拉底本人的传统——以及这一传统所反映和鼓励的思维方式。英国学者埃里克·哈弗洛克（Eric A. Havelock）在《柏拉图导论》（*Introduction to Plato*）一书中写道，"思想的口头状态"一直是柏拉图的"主要敌人"。

自此，由苏格拉底和柏拉图所代表的两种文化之争正式拉开了帷幕，关于它们的孰是孰非、孰高孰低，在后世的历史中被反复探讨、争论。而更加令人关注的是，技术或工具对人类思维、行为所产生的影响及其运作方式，如果能揭开这一问题的答案，对我们思考两种文化之谜无疑有着巨大的帮助。

给阅读一点时间

* * *

真理总是需要苦苦等待，两千多年后，这一问题的答案才渐渐浮出水面。

1867年秋，23岁的尼采在普鲁士军队的骑兵炮部队服役，本就体弱多病的狂人不慎摔下马背，导致肋骨受伤，此后身体便一直没有痊愈。伴随着每况愈下的身体机能，尼采的视力也不断下降，待到1881年，他的视力已极度衰弱，持续的书写对他而言是一种痛苦的折磨，他渴望着自我救赎。

就在当年，尼采尝试性地订购了一台丹麦制造的球型打字机，它包括大小写形式的52个字母、10个数字，还有标点符号，围绕着同一个中心在其球面上凸起，按键的排列经过科学设计，以实现打字效率最大化，这个新奇玩意儿挽救了尼采，中断的写作计划恢复了，尼采甚至为这台球型打字机赋诗相赠。

然而，微妙的改变正在发生，挚友科泽利茨（Peter Gast）敏锐地察觉到了尼采写作风格的变化：滔滔不绝的雄辩变成了简短的格言，字斟句酌的推敲变成了朴实的"电报风格"。在得知友人的反馈后，尼采在回信中一针见血地道出了缘由："我在音乐和语言方面的'思考'经常会取决于纸和笔的品质……我们所用的写作工具参与了我们思想的形成过程。"

就在普鲁士狂人学习使用球型打字机之时，一个名叫西格蒙德•弗洛伊德（Sigmund Freud）的医学院学生正在维也纳的实验室里从事神经生理学研究，并经由实验提出了一个天才般的猜想——人的大脑也像人体其他器官一样，是由许许多多彼此分离的细胞组成。为此，他还发明术语"接触屏障"来对应细胞间的缝隙，年轻的弗洛伊德认为此一缝隙在控制大脑、形成记忆和思想方面发挥着

网络阅读：或止于浏览

实质性的作用。

正如狂人尼采的诸多思想被当时学界视为异端，弗洛伊德的大胆结论也被当时的主流科学观点所排斥。不过，历史的长河终究会淘沙炼金、去伪存真，凭借放大效果更好的显微镜，科学家证实了离散神经细胞即神经元的存在，其上附有轴突和树突，负责发送和接受电脉冲，并由之触发神经递质的释放，这种物质来回流动的媒介正是当年弗洛伊德所谓的"接触屏障"，即如今大名鼎鼎的突触。由此，神经元之间发生的电化学性质的交互作用就形成了通常所谓的思想、情感与记忆，居中调节的正是突触。

就在弗氏天才猜想提出的十年后，美国心理学家威廉·詹姆斯（William James）在其里程碑式的巨著《心理学原理》（*Principles of Psychology*）提出了更为天才的猜想——神经组织看起来被赋予了极强的可塑性……随着时间的推移，不管是外力还是内力，都能让那种结构变得跟以前有所不同。

与弗洛伊德一样，绝大多数脑科学家和内科医生对这一猜想嗤之以鼻。历史的经验表明，天才的思想似乎总是难容于当世，因为他们都超越了自己的时代，只能领受天才那份独有的寂寞。直到20世纪下半叶，为天才正名的时刻才姗姗来迟。

1968年，一个名叫迈克尔·梅尔泽尼奇（Michael Merzenich）的年轻博士在针对猴子大脑的神经实验中，发现其神经系统在受损几个月后竟然自动完成了神经排列重组，这一结果令梅氏本人都难以接受，因为几十年来几乎所有的神经学家都默认大脑结构固定不变的理论，没有人会相信神经可塑性如此之强。在此后的30年间，他在另外很多猴子身上进行了大量实验，所有实验都表明成年灵长类动物的大脑具有广泛的可塑性。

梅氏这一爆炸性的结论终于引发了人们对于流行理论大规模的

重新评估,后来神经科学家的一系列实验证实:大脑可塑性不仅限于大脑皮层中掌管触觉的躯体感觉区域,我们所有的神经回路,包括触觉、视觉、听觉、移动、思考、学习、理解、记忆等都具有高度可塑性,以往的"铁律"终于被抛弃了。

我们的神经突触具有高度可塑性,这一颠覆性的认识使得关于大脑思维的两种相互对立的哲学——经验主义和理性主义——达到了协调一致。在约翰·洛克(John Locke)这样的经验主义者看来,大脑生来就是一张白纸,我们的知识完全来自生命过程中的经验,亦即人是教养的产物,而非天性的产物;而在康德(Immanuel Kant)这样的理性主义者看来,我们生来就内置了如何认识世界、理解世界的思想"模板",我们所有的经验都要经由这些与生俱来的模板加以过滤,起决定作用的是天性。

无疑,神经突触为两者找到了共同点,正如纽约大学神经学家约瑟夫·勒杜克斯(Joseph LeDoux)的解释,天性和教养"实际上志同道合,两者都是通过形成大脑中的突触组织,最终达到它们的精神效果和行为效果"。由此可知,我们的思考方式、认知方式和行为方式既不是完全由基因决定,也不是完全由经验决定。那左右这三者的到底是什么呢?答案是:工具(技术)。

科学家在训练灵长类动物及其他动物时学习使用简单工具的时候,发现技术对动物大脑的影响非常深远。当人们教猴子使用耙子和钳子去获得不用工具无法获得的食物时,研究人员监测了它们的神经活动情况,他们发现:耙子和钳子实际上已经和猴子手部的脑谱图融为一体。就猴子大脑而言,这些工具已经变成了它们身体的组成部分。研究人员的报告称,猴子大脑行为开始表现得"好像耙子成了它们的手指一样"。

之后,相同的结论在人类身上被验证。爱德华·陶勃(Edward

网络阅读：或止于浏览

Tauber）对一组使用右手持弓的小提琴演奏者进行了一项著名的实验，他用一台机器检测神经活动，对他们大脑皮层负责处理来自左手信号的区域进行测量，因为这些人都是左手按弦。另外，他还找了一组从来没有演奏过乐器的右利手志愿者，测量他们大脑皮层同一块区域的大小。

陶勃发现，小提琴演奏者的大脑相应区域明显大于不演奏乐器的那些人。然后，他又对负责处理来自右手信号的大脑皮层进行测量，结果发现两组之间没有差别。演奏小提琴这一乐器，结果在大脑中引起了实质性的物理变化，即使是成年之后才首次接触这些乐器的音乐家，也是如此。

当柏拉图用笔写下他那些哲学名篇时，当尼采用球型打字机打字时，他们都碰触到了人类心智和文化史上的一个中心主题——工具和技术对思维的影响。这一谜团终于揭开，震撼人心的答案浮出水面：工具塑造思维。也就是说，人们用以支持或扩展自己神经系统的工具塑造了人脑的物理结构和工作方式，比如我们怎样发现信息、存储信息、解释信息，我们怎样引导自己的注意力，怎样调动自己的感觉，我们怎样回忆，怎样遗忘，这些统统都受到工具和技术的影响。工具和技术的使用让一些神经回路得到强化，而另一些神经回路逐渐弱化，让特定的心智特点日益彰显，而让别的特点趋于消失。

* * *

现在，我们清晰地了解到，字母这一工具的发明给人类心智和大脑产生的深远影响，这让苏格拉底和柏拉图所代表的两种文化逐渐分野。柏拉图对传统诗歌的批评隐含着对书面写作这项新技术以及所鼓励的阅读者思维状态——逻辑、严格、自立——的保护。在

给阅读一点时间

纯口头文化中,思维受制于人类的记忆能力,而能记住的内容又受到大脑存储容量的限制。

在人类有文字记载历史之前的千万年间,语言不断进化,成为个体记忆复杂信息的辅助手段,并且可以使彼此可以很容易地通过对话交流信息。不断精练的措辞和语法使语言变得极富韵律、悦耳动听,为了辅助记忆,信息被编成常见的词组,即我们今天所说的成语。

知识体现在柏拉图所定义的"诗歌"中,诗人学者这样一个专门阶层成了一个有血有肉的装置,用于信息的存储、使用和传承。正如哈弗洛克所言,口头文化中的法律、档案、公报、决议、传统,即今天会被存档的所有文本,只能"作成套话连篇的诗歌","以高声吟唱的形式"传播。

可以想象,我们远古祖先的口头世界在情感和直觉方面应该有足够的深度,而我们今天已经不再能欣赏到这样的深度。加拿大著名传播学者马歇尔·麦克卢汉(Marshall McLuhan)相信,文字出现之前的人们肯定很享受这种"天人合一"的美感。他认为,学会阅读之后,我们会遭受"那种感觉的失落,失去了没有文字的社会所经历的那种情感介入"。

然而,就智力层面而言,我们先人的口头文化在很多方面都要比现在的书面文化落后和浅薄。书写下来的文字把知识从个体记忆的束缚中解放出来,使得语言不再受到记忆和背诵所要求的诗歌韵律和公式化结构的约束,思维和表达的广阔疆域随之向大脑开放。麦克卢汉写道:"西方世界所取得的成就,正是读写能力带来巨大价值的有力证明,这是显而易见的。"

20世纪著名的数学家、哲学家怀特海(A.N.Whitehead)断言"西方两千多年的哲学史只是柏拉图思想的一系列注脚",而柏氏

网络阅读：或止于浏览

的思想正是以书面文字的形式而存在。20世纪80年代，第二代传播学权威学者沃尔特·翁（Walter J. Ong）道出了背后真相："柏拉图那种入木三分的哲学思维的养成，唯一原因便是书面写作对思维过程产生的影响。"他在1982年出版的影响巨大的《口头文化和书面文化》（Orality and literacy: The Technologizing of the Word）一书中对此两者作了权威、精彩的评论：

> 口头文化能够产生强大而优美的口头表现能力，具有很高的艺术价值和人文价值。一旦书写占据了人们的心灵，口头文化连存在的可能性都没有了。书面文化是绝对必要的，不光对于科学的发展是必要的，对历史、哲学、文学作品以及任何艺术都是绝对必要的。实际上，就连对语言本身（包括口头语言）的解释，也是绝对必要的。书写能力的价值是无法估量的，对人类更加完整的潜能的充分实现是必不可少的。书写提高了人们的意识。

正如沃尔特·翁的论断，两千多年后，苏格拉底和柏拉图的这段公案似乎有了定论，苏氏对书写造成记忆丧失的担忧看来只是杞人忧天，书写文化为人类文明所带来的巨大进步象征着柏拉图对苏格拉底的全面胜利。

然而，21世纪的人类所面临的境况显然与苏格拉底时代不可同日而语，又一场关乎技术与文明的革命已然席卷全球，在柏拉图身后辉煌了一千多年的书面文化正在被一种称为"网络文化"的东西所取代，人脑中的神经回路又一次面临着重新排布的命运。那么，这一次的转变会带来什么呢？

 给阅读一点时间

注意力悖论与深度阅读的终结

奥古斯丁在其代表作《忏悔录》（*Confessiones*）中曾写道"人真是一个深渊啊"，用以感叹人的精神世界的无限深邃与丰富。然而，随着如今互联网技术的遍地生根，以及技术狂热对人的灵魂深处的进驻，此种感叹或许只能在历史的幽谷中空余回声了。

20世纪中叶起，廉价的第一波电子传媒产品——广播、电影、唱片、电视等——开始占据人们越来越多的时间和精力，但这些技术仍有局限，因为它们无法传输书面文字，换言之，它们可以把书挤走，但不能取代它们，文化的主流依然在印刷出版领域。

而今，这一主流正在毅然决然地转变航道，从而注入新的水道。手提电脑、iPhone、iPad等日渐成为我们形影不离的伙伴，互联网已然是我们存储、处理、分享包括文本在内的各种信息的首选媒介，但电子屏幕的世界与书面的世界迥然相异，工具不仅决定着人类的心智和思维，也极大地影响着人与人、人与工具的关系，一种新的智能伦理正在悄然形成。

惊人的变化总是微妙的，通过电脑屏幕阅读一页页的网络文章，看似与阅读一页页的印刷文章差不多，但事实并非如此。有研究表明，所有的阅读都是涉及多种感觉的活动，书面作品的物质性感觉——运动经验和文本内容的认知处理过程之间存在着至关重要

网络阅读：或止于浏览

的联系，这种联结决定了两者具有本质的差别。

没错，从纸面转到屏幕，改变的不仅是我们的阅读方式，它还影响了我们投入阅读的专注程度和沉浸在阅读之中的深入程度。更令人不安的是，心理学家、神经生物学家、教育专家以及网站设计师进行了大量研究，都不约而同地指向了同一个结论：当我们进入网络世界的时候，无论是基于电脑、iPad或是手机，就进入了一个鼓励粗略阅读、三心二意、肤浅学习的环境。

对此，以色列一家名为"点击报告"的公司曾收集汇总了全球100万名网站访问者的行为数据，分析发现在大部分国家，人们阅读当前网页的平均时间在19~27秒，其中包括网页内容载入的时间。具体而言，德国、加拿大网民约为20秒，美国、英国网民约为21秒，印度、澳大利亚网民约为24秒，法国网民约为25秒。在网上，不存在气定神闲地从容阅读这回事，我们只是想尽可能多、尽可能快地搜集信息。

另一项针对27500名年龄介于18~45岁的成年人的国际性上网时间调查显示，人们把大约30%的闲暇时间用于上网，其中，中国人上网时间占业余闲暇时间的44%，比世界平均时间高出14%，居世界第一。

一方面是长时间的上网，另一方面是每张网页的短暂停留，这恰恰说明了一个严重的问题，即我们在网上的大部分时间花在了从一张网页跳转到另一张上。网站上的内容犹如碎布拼成的床单，我们的大脑在神经通路重新排布后，已经完全适应此种安排，而传媒企业针对这一特点所设计的网页更是将之不断地"正强化"，一种技术控制的恶性循环产生了。

互联网空前地吸引着我们的注意力，却又空前地分散着我们的注意力，这或许是互联网时代我们所遭遇的最大悖论了。当我们在

95

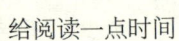
给阅读一点时间

浏览一张网页时,一会儿弹出一个视频广告,一会儿传来邮件到达的声音,一会儿屏幕下方的QQ不停闪烁,一会儿软件更新的提示突然冒出,还有当前页面上的海量其他信息,以不同的颜色、形状和动态感刺激、骚扰甚至挑逗着你,这大概已经成为所有人上网的共同经验了。

对此,美国资深网页设计师、网络阅读研究专家雅各布·尼尔森(Jakob Nielsen)的评论一针见血:"快速,这就是用户阅读网上内容的方式。就是几秒钟的时间,他们的目光会以令人震惊的速度往下移动,快速越过网站上的文字,这种阅读模式与你在学校里学会的那种方式截然不同。"是的,大部分时候,我们就是在一次接一次的走神造成的分神状态中,匆匆完成一次又一次的浅浏览,既没有深度阅读的可能,也没有深度思考的空间,创造性思考更是无从谈起。

* * *

第37次《中国互联网络发展状况统计报告》显示,2015年我国网民中使用手机上网比例继续保持增长,从85.8%上升至90.1%,中国手机网民数量在2015年已达6.20亿人,较2014年底暴增6303万人。通过台式电脑和笔记本电脑上网的网民比例均有下降。

从这一组数据中,聪明的读者不难发现,相比于电脑、iPad,手机以其小巧轻便的特点为网民提供了"任何时间、任何地点、任何内容"的阅读环境,成为网络碎片化阅读的全新代表。相关数据显示,网民主要是每天多次使用手机浏览器及各种APP应用,浏览各种视频、图片和文字信息,碎片化特点极为显著。

报告还显示,中国网民数量在2015年达6.88亿人,互联网普及率为50.3%;同时,中国网民的人均周上网时长达26.2小时,也就网络阅读：或止于浏览

是说，中国网民人均每天上网时间长达3.74小时。在过去五年中，我国在这一指标上一直冠绝全球。

统计数字告诉我们，中国人把将近一半的业余时间花在互联网上，不难想象，这其中必有不少时间花在了网络阅读上（包括浏览网页、新闻、图片、小说、博客、微博等），这些时间的总和显然远远多于人们用来阅读纸质图书的时间量。换言之，网络阅读已然成为如今中国人阅读方式的主流，而这背后却隐藏着危险的暗流。

徐小姐是上海某咨询公司的一位年轻职员，每当清晨的阳光从窗帘洒进来，她睁开眼睛的第一件事，就是伸手摸到床头的iPhone手机点开新浪微博。就像段子里戏说的那样，她像古代皇帝批阅奏章一样，一边看最新发生的新闻，一边转发加上自己的评论——微博上承载的新闻和信息是她一天里最先需要的东西。作为上海典型的白领代表，她对于"阅读"这一话题的吐槽代表了相当一部分职场人士的心声：

> 我觉得和书本上的知识相比，我更需要海量的信息，看报纸刷微博，都是在接触信息，否则我会感到焦虑，感到自己跟不上外面的世界。……纸质的书吗？一年看不到一本吧，图书馆和书店都几乎有十年没去过了，谁还去啊，高考完我就没去过了。

请注意，她的这番话中包含了数个关键的信息。首先，我们了解到她一年图书阅读量不到一本，这与之前我们分析国民人均阅读量时的真实指标（除去教科书的数字）相当吻合，试想大都市的高级白领都不读书，我国的人均阅读量怎么可能上升呢？

其次，她高考完之后就没去过图书馆和书店，这就意味着进入大学之后，她阅读纸质书的机会非常少（除了学校的专业书籍），

给阅读一点时间

这不是恰恰印证了如今国人深入骨髓的功利化阅读思想——看书就是为了考试升学,既然高考已经结束,当然就和阅读说拜拜了。

再次,如今的中国人尤其是年轻人主要通过网络(尤其是手机)来浏览和获取信息,纸质书的阅读处于边缘化的地位,许多人已经彻底认同电子书取代纸质书的论断,甚至连电子书也懒得读,而是将微信阅读视为主流。

最后,或许也是最关键的一点,她觉得如果不这么做的话,会感到焦虑,会觉得跟不上外面的世界。这说明什么?网络已经将她的生活完全绑架,或者更准确地说,她的大脑已经在互联网这一工具和技术的洗礼下,由阅读脑变成了数字脑。浏览各种碎片化的信息——而非真正的阅读能带来的知识和智慧——成了她业余生活的重要内容。

由此,零食取代了主食,快速取代了沉淀,喧嚣取代了宁静,肤浅取代了深刻,零碎取代了系统,这正是如今海量的所谓"网络阅读者"的共同特点。

此际,老作家王蒙的一席话徐徐回响耳畔:"网络时代让我们的阅读发生了巨大变化。当阅读变得过分轻松、方便时,我有一个担忧:浅层阅读会不会从此代替专心致志、费点劲儿的思考,久而久之成为人们的一种习惯……如此一来,阅读会不会变为表层浏览、浅层思维,人们看似夸夸其谈、无所不知,事实上却缺乏深入的、系统的、一贯的思考。"可怕的是,老先生的这种担忧正在日益成为现实,长此以往,我们的民族必将付出惨重的代价。

* * *

在网络的碎片化世界,阅读变得前所未有的轻盈,这正是如今的中国人想要的感觉。我们不必像过去那样背诵经典,只要加以电

网络阅读：或止于浏览

子搜索即可，也不必乘车去图书馆借书，身上所携电子书即藏有千万册。获取信息的便利，也使得大家不再珍视阅读的严谨与珍贵。面对海量信息，我们总是欢迎轻松、趣味性的东西，因而浮光掠影式的阅读普遍盛行。段子文化的兴起，显然与碎片化阅读脱不了干系。这种段子文化往往让我们不加思考，追求一种调侃的快感，却容易让人患上惰性思维症。

过于轻盈的网络阅读，正在让我们体验不能承受的阅读之轻。真正的阅读必然需要读者感觉有些费劲儿，有些厚重的感觉，但这样的阅读似乎变得越来越艰难，因为它对个人的要求越来越高——必须具备更高的理性思维、专注力和判断力。每天面对汹涌而至的信息，个人在很大程度上成为了一个被动的接收器，我们逐渐成了信息的奴隶，而非主人。

传统书刊本身含有一定的逻辑性，而碎片化阅读是散乱无序的，读者自身需要加以整合，把信息提升为知识，但无论是网络喧嚣的环境，还是个体分散的注意力，都很难让我们高效完成这项工作。许多时候，我们就像一只无头苍蝇，在信息海洋中茫然不知方向，或随波逐流地飘向无根的彼岸，或听从欲望的驱遣，迷失在欲海无边的网络世界。

那么，难道我们真的就无法从网络阅读中获得以往在纸质书籍中的那种宁静、深邃的阅读体验？答案是"真的很难"，因为这在很大程度上是由互联网的特性所决定的。是的，我们必须再次认识到"技术决定论"的强大力量——把大多数网页链接起来的不是逻辑关系，而是时间顺序和相关性原则。

以如今大红大紫的"微信朋友圈"为例，在同一页面上出现的每条更新是以更新时间为序排列的，相互之间没有任何逻辑关系，从上到下的浏览方式强迫读者必须从一个话题跳到另一个话题。阅

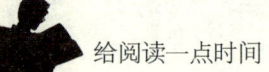
给阅读一点时间

读每条信息大概也就几秒钟，海量信息在使我们满足的同时也产生了迷失。也就是说，微信的阅读走向是完全不可控的，我们全然不知它会把我们带往何方。

至此，我们不难发现，网络阅读与传统的图书阅读存在着本质区别。后者有一个完整的体系，章节之间靠平行、递进等逻辑关系排列。读书尤其是读比较艰深的作品，需要读者投入全部注意力，一遍不懂，还可以回过头去重看，甚至可以进行圈点和批注。而网络阅读的跳跃性使看似非常简单的重看变得困难重重，页面旁闪烁的文字和动态的图像不断地干扰着你的视线，注意力资源在不经意间慢慢流失。打个不太恰当的比方，网络阅读如同在一块木板上到处敲击，蜻蜓点水，浅尝辄止；而传统的读书如同在木板的一处钻孔，务求深透。更糟糕的是，长期的网络阅读和触屏阅读已经让许多人丧失了书面阅读的专注度和持久力。

正如我在首章中所言，真正的阅读的第一步——或许也是最关键的一步——乃是身心的沁入，这既是一种感觉，更是一种能力，它被现代人称为"专注"。如果不具备这种能力，我们的文明显然无法达到如今的高度。这一结论可以从最新的科学研究中获得支持，智力深度养成的关键在于形成长期记忆，而长期记忆得以巩固和内化的关键正在于专注。

以往，扮演这一角色的是基于书本媒介的深度阅读，书的读者和作者之间存在着一种微妙的共生关系，作者的文字充当着读者头脑中的催化剂，激发读者产生新的洞见、新的联想与新的领悟，长期的深度阅读甚至可以使人与书本、纸张间产生情感升华。很不幸的是，如今的互联网所鼓励的却是持续不断的精力分散，它以远超电视、广播和报纸的强迫性，牢牢掌控着我们的注意力，却又时刻分散着我们的注意力，在"忙者生存"的脑细胞大战中，支持深度

网络阅读：或止于浏览

思考、批判性思考的大脑功能彻底失败了。

网络阅读，或许仅仅止于浏览而已。

给阅读一点时间

搜索取代记忆：修养飞上了云端

与苏格拉底的忧虑相反，历史的发展表明，书籍挑战并改进了记忆，而没有弱化记忆。不过，苏格拉底的坚守正凸显了古希腊对于记忆女神摩涅莫辛涅的膜拜传统。此后，无论是古罗马哲学家塞内加（L.A.Seneca），还是荷兰人文主义教育家伊拉斯谟（D. Erasmus），都极力强调记忆与阅读、思考之间的联系。由此，摘抄书中精彩内容的习惯得以形成，这样的笔记本后来被称作"备忘录"。英国哲学家弗朗西斯·培根（Francis Bacon）称"一本精彩而内容广泛的备忘录摘要"可以为"大脑记忆提供非常有效的帮助，几乎没有任何东西会比它更有用"。然而，进入20世纪中叶以后，长期以来被视为个人洞察力和创造力催化剂的备忘录，逐渐被看作是想象力的障碍，后来甚至被视为对智力的浪费，这一观点在如今的互联网时代几乎已被默认。

第37次《中国互联网络发展状况统计报告》显示，在中国网民各类网络应用的使用率排名中，搜索引擎仅次于即时通信类应用，将网络新闻、网络视频、网络音乐、网络购物、网络游戏、微博、博客等热门应用统统甩在身后，高居第二。全国使用人数达到5.66亿，使用率高达82.3%。在一个人人热衷于搜索的时代，我们经常可以听到一句话：有什么问题，百度知道嘛。是的，从人类经典到

网络阅读：或止于浏览

技术发明，从金融法律到社会思潮，从人物典故到正史野史，从八卦新闻到流行趋势……人类的知识体系似乎都已囊括在无所不知的搜索引擎之中。我们不约而同地认为，有了庞大的网络，高级的"云"，人类文明尽在掌控，只要轻触手机屏幕搜索一下便可，还要殚精竭虑地读书干嘛？！殊不知，当搜索取代记忆，自我修养也一同飞上了云端，这正是不能承受的生命之轻！

与书本不同，互联网已被普遍视为个人记忆的替代物，而不仅仅是补充品。这种情况源自一个隐喻：人脑和电脑的本质相同。这大概是所有关于人脑的错误论断中涉及最广、危害最大的一个了，如果此言成立的话，记忆不仅丧失了神性，也丧失了人性，记忆女神变成了一台机器。大量的神经科学研究表明，那些极力鼓吹把记忆外包给互联网的人被一个比喻误导了，他们忽视了生物记忆的有机性质——对记忆内容的每次回忆都会重新启动巩固记忆的完整过程。换言之，生物记忆是处于不断更新的动态过程中，而存储于计算机中的记忆内容则是静态的比特形式，两者简直是天壤之别。在这一糟糕透顶的隐喻背后，搜索技术扮演了核心角色。

2011年7月，蜚声世界的《科学》（Science）杂志刊登了由哥伦比亚大学、哈佛大学和威斯康辛大学麦迪逊分校的研究人员共同完成的一项重要研究成果，题为《Google搜索对记忆的影响》。在这项研究的一个实验中，研究人员让参与者在电脑上敲出40份声明，同时要求一半参与者在完成之后保存这些信息，另一半参与者则被要求删除。打字任务结束后，所有参与者均被要求尽可能回忆并写下这些声明。研究人员发现，要求删除的参与者回想起的声明数量远远超过要求保存的人。他们指出："参与者认为如果能够查询已经保存的声明，他们就没有必要进行记忆。……面对有难度的问题时，人们更倾向于上网找答案。当人们感觉短时间内就可以搜

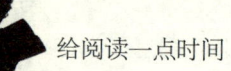
给阅读一点时间

到需要的信息时,他们回忆信息内容的次数就会减少,他们想得更多的是找到答案的方式。于是,人们大脑所能记住的信息内容就越来越少。"随着越来越多的人将互联网当作自己的"外挂硬盘",我们正与电脑工具形成共生关系,逐步成为关联体。这项研究最后得出的结论是:Google等搜索引擎模式可能会损害人的大脑记忆力,我们更擅长记忆信息的出处而不是信息本身。

是的,搜索引擎作为互联网首屈一指的导航工具,为我们提供搜索服务的效率如此之高,种类如此丰富,同时也深刻影响着我们和搜索内容之间的关系。由谷歌公司率先倡导的这种智力技术,如今早已成为包括百度在内的所有互联网搜索公司的看家本领,这使得高速、肤浅的信息略读方式大行其道,从而阻碍人们对单一论点、思想或叙述进行长时间的深入研读。谷歌用户体验部总监艾林妮·奥(Ireney O)大方地道出了其中的真相:"我们的目标就是让用户真正地快进快出,我们所有的设计决策都是建立在这一策略的基础上。"对互联网行业略知一二的人都知道,搜索引擎公司的经营利润和人们接收信息的速度直接相关,也就是说,我们点击的链接越多,查看的页面越多,搜索引擎公司采集我们的信息、向我们发布广告的机会也就越多,在弄清哪些信息最能抓取注意力之后,就在那些东西呈现在大家视野范围之中,让我们乖乖就范。

很不幸,我们成了技术的囚徒。

* * *

如此想来,著名的互联网"注意力悖论"就不难理解了。我们在网页上的每一次点击都标志着我们专注思想的一次中断,都是注意力的一次彻底瓦解。这极为符合搜索引擎公司的经济利益,他们最不愿意鼓励人们去做的就是从容不迫的阅读,或寂然凝虑的沉

网络阅读：或止于浏览

思。无论何时，只要一搜索，铺天盖地的信息就会奔涌而来，这不仅给我们的工作记忆带来了过重的负荷，也导致大脑颞叶难以专注于任何一件事，巩固记忆的过程因而难以启动。正如网友"黄果果1986"的极具代表性的感慨："我们很难像以前一样全神贯注地深思。碎片的信息，什么都知道一点，但什么又都知道得不深。"

就这样，我们的大脑在越来越依赖网络搜索的过程中变得善于遗忘，因为大脑控制注意力的能力已经变得空前薄弱了，我们逐渐丧失了对思考内容和思考方式加以控制的能力，关注对象的选择往往是被动的。更可怕的是，不像"黄果果1986"，许多人对于这一过程完全浑然不觉，甚至对"马上告诉你答案"的搜索引擎产生崇拜情结。不少人误以为，在网络搜索无处不在的时代，所谓知识和思想的积淀已经过时，任何时候只要轻触一下屏幕，答案就马上会跃入你的眼帘。学习，真是前所未有的轻松！

在如今的大学校园内，检索和浏览代替深度阅读的现象达到了惊人的地步，无论是预习、复习，还是论文写作，抑或实验研究，轻松简便的搜索技术让我们越来越懒。图书馆的借书证沾满了灰尘，学生宿舍书架上除了几本教科书别无他物，网上的搜索世界却热闹异常，各种关键词检索、浮光掠影般的匆匆浏览、定位、复制、粘贴……一篇课程论文竟然可以在一两个小时之内"炮制"完成。但高效、便捷总是要付出代价的，如今扎实、深刻的论文难觅踪影，某某大学硕士论文全文抄袭的新闻却屡见不鲜，阅读和研究方式的转变为学术不端提供了可能。正如梅尔泽尼奇博士的研究结论："现代化的搜索引擎和交叉引用的网络站点功能强大，使得调查研究和通信交流有了极高的效率，这是毫无疑问的。在我们使用追求'效率至上'，依靠'二手参考资料'（且脱离上下文）而且'浅尝辄止'的调查研究策略的时候，大脑在综合处理信息过程中

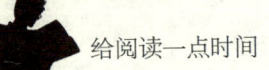
给阅读一点时间

的参与程度更间接，更肤浅，这同样是毫无疑问的。"

对此，著名学者、北京大学中文系陈平原教授显然颇有心得，2012年7月他接受了《文汇报》记者的专访，一篇题为《当阅读被检索取代，修养是最大的输家》的访谈稿引起了不少人的注意。陈先生在访谈中深刻论述了数字时代的人文困境，直面如今大学校园中精神生活的衰弱，并精彩地点出了记忆外包给互联网之后的种种倒退：

> 我们以前必须要记忆很多东西，所谓读书破万卷，北大中文系有很多传奇性的老学者，你说一句话他能马上告诉你在哪本书的第几卷第几页，以前觉得特了不起。今天大家已经不再读书了，已经查书了。阅读被检索取代是一个很可怕的问题。我不知道你怎么样，我自己是常常很惊讶于自己会突然有记忆力的衰退，我们以前总是想拼命地记住某些东西，现在已经没有这种动力了——"没关系，我的电脑里有"，年轻人则是"我的手机里有"。

是的，我们查书多于读书，检索多于记忆，混沌多于自觉。这一切，都是因为我们太过依赖互联网和搜索引擎了，以至于产生了这样的幻象：我们需要知道任何事情，只需要上网检索一下就可以了。在一个处处讲究性价比的时代，如此获取知识和思想的方式实在是太廉价了！但上帝是公平的，我们在一处获得的越多，我们在另一处就要付出越多的代价。在文章的主体部分，陈先生就大学校园中"阅读被检索取代"的后果表达了自己的担忧：

> 知识变得唾手可得之后，读书的原有的三个功能——阅读，求知，修养，都受到了影响。我们以前读书，求知和自我的修养是同步的，现在求知这个层面被检索所取代，只要知道

网络阅读：或止于浏览

一个书名和人名，检索就行了，而阅读的功能更强调了娱乐功能。原来苦苦追寻、上下求索的状态消失之后，知识有了，但修养没有了……我常跟学生说，检索能力是很容易学会的。全世界的图书都在一个"云"里，将来稀缺的是独立思考、批判精神，不依附于前人、古人，不盲从于社会，时髦不能动。

陈先生认为阅读最关键的功能是"自我修养"，这是与笔者在首章中谈及的"自我观照"内涵接近，两者都指向个体心智的提升。而记忆正是文化和修养的基础，个人记忆形成并支持着作为文化支撑的集体记忆。鉴于此，我们每个人都在表现和设计未来的人类历史，人类文明在我们的神经突触中得以支持和延续。正如美国戏剧家理查德·福尔曼（Richard Forman）的警语："把记忆任务推卸给外部数据库，并不仅仅危及个体的深度和独特个性，还会危及我们共享的社会文化的深度和独特个性……随着我们深厚文化遗产的内部库存日益枯竭，我们面临着成为扁平人的危险，我们访问那个规模庞大的信息网络时，仅需点击鼠标即可，可谓宽广延伸但极其稀薄。"

无论如何，我们的文明不只是互联网所承载的全世界信息的总和，也不只是可以简化为二进制代码并上传至互联网的所有内容。中华文明和世界文明要保持勃勃生机，就必须在每一代人的所有公民的头脑中重建。因为说到底，搜索只是一个技术活儿，会搜索的人充其量只是个技术工人（即使他是大学生）。但如果你会阅读——我是指真正的阅读——你就有可能学会陈先生所谓的独立思考、批判精神，你就有可能改变自己，改变世界。因为这种能力和精神是任何"云"都承载不了的，它只能存在于人类的心智和灵魂中，而阅读正是通向这一境界的必由之路。

 给阅读一点时间

伤不起：一个微博大咖的自白

相信很多网友都知道"和菜头"这个名字，作为骨灰级的资深网民，他早在1997年就开始接触互联网，随后便在数个网络论坛上发表大量"网文"，以其犀利刻薄、精辟夸张的行文风格轰动一时，在中国网坛崭露头角。经过一段沉寂之后，他搭着博客兴起的东风，以"槽边往事"为名再度出击，旋即风靡网络，尤其是他评论央视版《笑傲江湖》的檄文《把戏把戏学！金刚金刚脸！》，更是成为无数网友争相热议的焦点。数年间，他写作了3000多篇博文，超过200万字，仅新浪微博上就有超过20万人的庞大粉丝群。就是这样一位叱咤网坛十多年、一路追随互联网发展、一呼百应的微博大咖，却出人意料地在2012年10月18日宣布自封微博，停止更新，令广大网友和粉丝大跌眼镜，惊愕不已。谈及个中原因，"和菜头"透露了自己的担忧：

> 准备停止微博一段时间，不发也不潜水。原因是我怀疑微博的碎片化阅读对我的大脑有所损伤，很担忧再也不能读书和做深度阅读了。不写微博了我还是我，但不能读书的话我什么都不是。同时，微博让人易怒、易挑衅、易轻信，无法专注，我觉得还是面壁一段时间比较好。

网络阅读：或止于浏览

随后，"和菜头"又在"槽边往事"发布了《碎片化生存》和《碎片低能》两篇博文，集中表达了他对技术统治的反思。这两篇文章从这位看似光鲜十足却深受荼毒的微博大咖的视角，写出了属己的真实、细腻的内心感受，文字极为真诚，又不失深刻，道出了我们的时代千千万万网民内心的感受、困惑乃至恐惧。此二文甫一发布，便引发了广大网友和粉丝的热议，这是如今极为罕见的关于网络阅读和互联网本身的观点交锋和碰撞，令人倍感欣慰。鉴于以上种种原因，我将这两篇博文视为极其珍贵的一手文献，其中可供挖掘和反思的思想资源相当丰富，现将其中的《碎片化生存》一文转引如下：

> 我得实话告诉你：我已经没有办法读书了。
>
> 不是读不懂的那种不能，也不是因为厌倦而产生的那种抗拒。它无关理解力和情绪，而是好像一种生理上的疾病，自己对自己的一部分无能为力。我甚至连一个小节都无法读完，无法控制眼球转开去，似乎它在扭来扭去要找到一个停顿，否则就不肯继续工作。同时，读完一段文字之后，头脑里突然会空白一下，然后那些字句和含义就突然消失掉了。因为这样的缘由，也就谈不到理解，更无法形成一个整体印象。另外，更加让我恐惧的是，我的注意力根本无法长久地停留在一页纸上，它总是不断迁转，像一条水银做的蛇，在书页和无数想法之间钻进钻出，试图在两个本来毫无关联的点之间建立某种联系。而在大多数时候这样的努力是徒劳的，却白白浪费了心神，让人很快就觉得力倦神疲。
>
> 我想，这是几年来微博训练的结果。微博要求一个人迅速在各种信息之间跳转，不要在任意一条信息上停留过多时间。

给阅读一点时间

又要求一个人尽可能快地消费一条信息，迅速咬住它，吸干其中的汁液，然后一口吐掉。最后，对于那些在微博上原创内容的人来说，微博要求你能在海量的信息碎片中做快速筛选，然后在两个原本没有关联的碎片中建立联系，并且把这种联系以巧妙漂亮的手法表达出来，于是可以赢得观众的欢呼和掌声。无需知道"为什么"，只需要不断判断"是什么"，然后把一系列"是什么"组合起来。所以，哪怕是最简单的逻辑也都被抛弃了。我在微博上呆的时间足够长，因此受到的影响也就足够重。

相比之下，读书是一种完全不同的模式。深度阅读需要你能够持续专注在书页上，集中全部精力，因为你在阅读的同时必须进行思考。需要一个人可以持续不断地阅读数万字，然后稍微停顿一下，整理思绪，完善脑海中关于这本书的架构，一点点形成整体印象。尤其是对于阅读量足够的人来说，阅读的过程里他会不断抽取脑海里的关联书籍进行分析和对比，读一本书相当是在同时翻阅十数本书籍。这种过程对于专注之力的要求极高，因为一旦思考被打断，就很难回到之前建立起来的阅读氛围之中，彻底从原书的意境中退出。

整个阅读的过程漫长而连续，伴随着静默和沉思。这一点和微博完全不同，微博是那种老师说一句，你就立即举手大喊"我知道!我知道!"的迅速反应。这不单是个习惯问题，它根本性地改变了思考的模式。形式即内容，载体决定内容，这在微博上体现得非常明显。微博是无需做思考的地方，如何在最短的时间内做出最恰当的反应才是最重要的，反应胜过一切，表态高于一切。通过微博的驯化，一个人很可能连大脑皮质的生理结构都已经发生了改变。针对热点编段子就是一个很好的证明，所有的段子都不提供新鲜的想法，它们只是同义反复，

网络阅读：或止于浏览

试图各自对同一事物重新进行一次复述或者定义，从而一次次强化和放大了事物本身。所以，它是口渴时给予的盐。

有鉴于此，我在今天宣布暂停更新微博，同时也不去微博潜水，彻底从这个大环境里断开去。尝试着进行一些恢复性训练，包括阅读和写作。我想通过对一些长文本的阅读，恢复我以往的专注力，能够持续思考一件相同的事情。此外，利用写作把思考的过程完整连续地表述出来，恢复一下思考而非应对的能力。

这样停下来，才发现周围的世界已经发生了很大的改变。现在这世界基本上已经是一个由信息碎片所构成的大型显示屏，完整的信息已经非常少见。你所能知道的，只是此时此地此事的一瞬间。人们看起来对此似乎也很满足，听一个歌手60秒的歌唱决定他的去留，在搜索引擎返回的结果列中花5秒决定点开谁，在iPhone屏幕上跳出来的信息提示中凭借前十个字决定是否要打开阅读全文……卓别林的电影《摩登时代》里，产业工人在流水线上十多个小时重复相同的一个动作，而我们此刻每周七天，每天24小时面对信息碎片，等着作出反应。在这个新世界里，时间无始无终，只有一个个瞬态的当下。事件无头无尾，只有你此时此刻面对的一条简讯。我突然觉得极度的恐怖和绝望，觉得自己和一台自动机器没有什么区别：用眼睛读取一条信息碎片，用机械臂做出转发、回复、跳过三种选择。这一过程周而复始，无穷无尽。甚至，当你终于停下来休息，只不过几分钟就觉得无聊烦闷，继续拿起手机，把处理信息碎片当作了一种消遣！

在过去，我做过许多决定。其中许多事后看来太过冲动，当时并没有做过审慎的思考。但是，暂停微博这个想法一经升

111

起，就很难从心中驱逐掉。一直到我写下通告，关闭网页，突然在心底里产生了一种解脱的轻松。此刻，我依然无法连贯地读完一本书，但是看起来我已经恢复了写一千五百字以上文章的能力。谢天谢地，我依然有能力从事这种古老的自我表达形式。在碎片的世界里，努力形成一点"块"，我希望它们能够变成"面"，甚至是"体"，这样我也可以在被各种碎片信息轰炸和追杀之余，找到一个地方喘息。

* * *

我想说，如果你在阅读这篇接近两千字的文章时，感到需要不断的停顿，出现注意力涣散难以专注的情况，或是读完一段文字之后，脑子突然一片空白，那么你就要引起重视了，因为你很可能也患上了与"和菜头"一样的病症——深度阅读障碍。当务之急就是赶紧下线回归现实生活，精读一本自己喜爱的书，以恢复基本的阅读能力——这种在中学时代早已熟练掌握的本领。是的，你必须像"和菜头"一样，承认这是一种生理上的病症，这一点非常关键，因为这不是光靠情绪、精力的自我调节可以奏效的。或许有人会纳闷，既然"和菜头"都患上深度阅读障碍了，怎么还能写出如此精彩的博文呢？对此，复旦大学中文系副教授、《新发现》杂志主编严锋给出了令人信服的评论：

> 有一些微博文化名人，妙语如珠，见解犀利。但他们挥霍的，是自己在前微博时代积累的知识文化储备。当这些资源被用尽，他们就犹如疲惫的蓄电池，空空荡荡。聪明一点的，如@和菜头，就宣布戒微博，其实是停机了要充电。微博不是生产文化的工厂，而是挥霍文化的卖场。

网络阅读：或止于浏览

对此，"和菜头"本人定是了然于胸，因为他十分清楚病症背后的玄机——"通过微博的驯化，一个人很可能连大脑皮质的生理结构都已经发生了改变"。归根到底，这是大脑部分神经回路经过重新排布之后产生的一种新型思维模式，它让我们热衷于刷微博、刷微信这样的碎片化行为，"速食"各种零碎的信息和资讯之后，又随口吐掉，在转发、回复、跳过这三种选择之中来回游荡，在爆炸式的碎片信息中享受着生命的狂欢，似乎这是抵御孤独的最佳方式，以至于放下手机的那一刻，我们每每感觉若有所失。

而阅读是一件与刷微博如此不同的事，它最需要的是专注和沉浸，思考和联想，而这些品质正好都是微博文化所极力排斥的。正如读书无数的"和菜头"指出的那样："阅读的过程里他会不断抽取脑海里的关联书籍进行分析和对比，读一本书相当是在同时翻阅十数本书籍。"我想，对于任何一个拥有一定阅读量的人而言，这种阅读体验实在是相当典型。但微博这样的碎片化平台显然不给你有任何联想的机会，当你正要想点什么，无数最新的转发信息已经将你的视线淹没。于是，当你在浏览一条微博时，眼球就已不自觉地转移到其他的图片和文字上去了。久而久之，我们都成为了"和菜头"所谓的"碎片信息低能者"。

相比于"和菜头"的这两篇精彩博文，网友和粉丝的观点交锋显得更有意思。名为"橡胶万岁"的网友对碎片化阅读比较乐观："我个人的观点是，阅读的目的决定阅读的方式。作为一种思考，深度阅读是必要的，但作为一种应用，碎片化阅读也有优势。很多时候读者只需要理解字面上的结论。"的确，碎片化阅读有它存在的必要，但如今的情况显然是碎片化阅读对深度阅读的全面胜利，这才是问题的关键。而且，评论的最后一句让人觉得有点囫囵吞枣

给阅读一点时间

的感觉——在大量无头无尾的碎片化信息中,"结论"何来,"理解"又从何谈起,我们能做的恐怕只能是了解和知晓罢了。正如钱文忠教授所言:"我认为不存在浅阅读,阅读就是阅读,阅读要身心投入,浅阅读就是不阅读。我不认为微博是一种阅读,我认为微博是一种了解,是一种知晓,它跟阅读不一样。"

一句"浅阅读就是不阅读",点出了问题的实质,这与笔者提出的"网络阅读,或止于浏览"的观点可谓不谋而合。在这个问题上,过半参与留言的网友和粉丝也表达了类似的感受和思考。网友"梅子jeet"含蓄地指出了刷微博取代阅读的得不偿失之感:"三五句话,几十个字,不求文采,不必展开,甚至不用标题,微博的使用者只要把心里想说的话写下来,就可以在网络传播。微博确实改变了很多人的阅读习惯,有时候会得到一些人生感悟,但原本的阅读习惯已被消磨殆尽。"网友"蝴蝶飞出了潜水钟"的感觉则是:"虽然我不玩微博,但是也能体会那种'关机一天就以为被人类抛弃了'的感觉。经常要用不断的评论或是转发来证明自己是某一事件的参与者。"这显然与上文提及的徐小姐——不刷微博就会产生的焦虑感——如出一辙。网友"安普"更是直言:"心理学已经有研究表明,短片段阅读的确缩短了人们注意的持续时间和稳定性,这对于读书人是个灾难!"

看来,刷微信、玩微博真的不能算是阅读,仅仅只是读取了"信息量",但这能成为衡量个人文化修养和人类文明的终极指标吗?显然不能。真正的阅读是一种文化行为,通过文字进入到人类文化传统当中进行思考。可以说,"和菜头"曾经的迷惘、困惑和痛苦与广大网民是共通的,他的隐退毋宁看作是寻找生命的某种平衡,回归自我的本真,期待又一次的华丽转身,正如他的自白:不写微博了我还是我,但不能读书的话我什么都不是。

网络阅读：或止于浏览

被高估了的电子书

自2007年亚马逊发布第一代Kindle并启动大规模的纸质书数字化之后，"电子书将成为纸质书终结者"这一说法，成了科技业界和不少媒体的主流论调。有人甚至大胆预言，到2017年，电子书将全面取代传统的纸质书，不禁让钟情于纸质阅读的人们突然有了恍如隔世之感。然而，更多的普通读者却对这一过分乐观的预测持怀疑态度：有着一千多年历史的纸质书，就这样轻而易举地被一本薄薄的平板干掉？现在看来，几年前电子书粉丝用"观念守旧""留恋传统"这类说词来回应人们对"电子阅读取代纸质书"一说的怀疑，似乎是太过粗暴简单了。

第12次《全国国民阅读调查报告》显示，2014年我国成年国民人均阅读电子书3.22本，比2013年的2.48本增幅明显。但在阅读方式的选择上，高达57.2%的成年国民仍然选择传统的纸质阅读，选择在电子阅读器上阅读的国民仅为3.4%。如此悬殊的比例显然与"电子书将全面取代纸质书"的主流论调相去甚远，令人感到意外。不过，我们必须要注意，电子阅读器并不能代表电子书的全部，毕竟许多人选择手机和平板电脑来阅读电子书，只要在每天摩肩接踵的地铁上仔细观察一下就知道了。不管怎样，我们并不需要太多在意电子书阅读人群的比例究竟几何，因为有一点是显而易见

给阅读一点时间

的,那就是接近六成的国民更倾向于手捧一本纸质书进行阅读,纸质书而非电子书依然是国民阅读方式的主流。

具体到城市而言,上海书展主办方上海市新闻出版局发布的《上海市民阅读状况调查分析报告(2014)》也得出了同样的结论。报告称,国内的电子阅读市场历时五年发展,却始终不温不火。"手机""网络在线"和"平板电脑"是上海市民在进行数字出版物阅读时使用最多的前三项载体,然而市民阅读首选的还是纸质书。数据显示,纸质书阅读时间回升,用于数字阅读的时间却稳中有降。其中,高达70.65%的受访者认为"纸质读物"具有最好阅读效果,比例占据绝对优势。正所谓"群众的眼睛是雪亮的",在阅读方式的"首选"上,传统(纸质)阅读体现出巨大的优势,高出"数字阅读"25.15%,并高于2013年的差距;同样,在数字阅读与纸质阅读之间的时间分配这一问题上,认为"纸质阅读"也出现了回升的态势:认为"数字阅读<纸质阅读"占44.60%,"数字阅读>纸质阅读"占33.05%。

更令人意外的是,作为电子阅读发源地的美国,电子书的表现也并不尽如人意。根据美国出版商协会(Association of American Publishers,AAP)的统计,经过了几年高速增长之后,电子书阅读人群的数量到2012年和2013年出现了"断崖式下滑",2013年电子书销售增长率同比增长仅为3.8%,在连续3年保持3位数的增长之后,开始了以每年降低一个数量级的速度增长。而来自调查机构皮尤研究中心在2012年底做的一项针对美国图书阅读人群的问卷调查则显示,89%的读者在过去12个月中至少读过1本纸质书,30%的读者至少读过1本电子书。也就是说,纯电子书阅读者的比例仅为11%,既是纸质书读者同时也是电子书读者的人群,只占了阅读人群的19%。前后两个数字的比例甚至比中国的情况更加悬殊,令人

网络阅读：或止于浏览

大跌眼镜。

* * *

电子书的优势是不是被人们高估了？近年来的多项科学研究表明，答案倾向于肯定。

首先，在进行深度阅读时，纸质书有着鲜明的优势。正如知名科技博客作者布兰登·凯姆（Brandon Keim）的判断："当需要深度阅读的时候，我还是会选择纸质书。在纸质书上阅读会感觉内容更加丰富，而在屏幕上阅读时感觉就没那么好，仿佛我们的大脑更容易吸收纸质书上的内容，屏幕上的像素则不然。"究竟为什么会这样呢？研究人员的主流观点是，这与纸质书与屏幕的巨大物理性差异有关。"阅读是人与技术之间的交互，"挪威斯塔万格大学教授安妮·曼根（Anne Mangen）表示，"也许纸质书的触感和物理性产生了不同的认知和情感体验。"她说，这一点对于那种不能碎片处理处处略读，而是需要持续专注的阅读，尤其正确。

其次，在记忆和理解方面，纸质书也比电子书更为靠谱。瑞典卡尔斯塔德大学心理学家埃里克·瓦斯伦德（Erik Wästlund）发现，屏幕阅读最重要的影响因素，是读者是否能够实现全页阅读，需要滚动页面的时候，他们的阅读效果就会降低。瓦斯伦德称，滚页有两个影响，最根本的就是分散注意力。即使是像拖动鼠标或者滑动屏幕这样的细微动作，也需要投入很少却重要的注意力，所需的注意力要超过手动翻页。上下滚动页面也会打断读者的视觉注意力，迫使眼睛搜寻新的起始点，重新集中注意力。关于这一点，经常在"起点中文网"上读小说的网友想必特别熟悉，滑动屏幕似乎让注意力总是无法完全集中。幸好，其中的大部分小说并不需要如此专注的阅读。

给阅读一点时间

电子阅读自瓦斯伦德2005年的实验以来已经有了很大的变化，很多的应用程序都已弃用滚页模式转而模拟翻页效果。不过安妮•曼根教授在2013年展开一项针对挪威青少年阅读习惯的研究过程中发现，青少年在纸质书上阅读时理解得更深。瓦斯伦德也指出，电子阅读器无法复制纸质书往往被忽略的一个方面：实体感。阅读专家称，那种位置感很重要：它好比是概念上的脚手架，将资讯和记忆自动编排起来，在视觉和触觉提示同时存在的时候它的作用最大。"所有的那些提示，如页面看起来如何，图书摸起来感觉如何，能够帮你拼凑起整个阅读过程的印象。"美国布朗大学认知心理学家玛丽琳•雅格-亚当斯（Marilyn Jager-Adams）说道，"Kindle或者平板电脑上则没有这些东西。"

对于普通读者而言，感性的理由比上述理性的分析更为重要。是的，我们总是倾向于将阅读视为一种纯粹的智力活动，但事实上真正的阅读必然伴随着强烈而深沉的情感体验，在这一点上，纸质书比电子书强太多了。对于好的纸质书来说，简直可以用"活色生香"四个字来形容，触感、声响、重量、香味等构筑了感觉的交响曲，让许多手捧纸质书的人欲罢不能。读纸质书的时候，你可以用指头感觉上面的纸和墨，可以把一页纸折起来，也可以把它弄平整；翻书的时候你能听到一声清脆独特的声音；你在书上或者画画下划线、或者把一句精彩的话标成高亮，墨水会永久性地改变纸张的化学成分；你甚至可以在纸质书上依稀嗅到山野的气息。而阅读电子书的时候，屏幕上的文字总让人觉得隔了一点什么。我不禁想起王国维用"隔"与"不隔"来评价词作的境界高低，那么阅读纸质书和电子书是不是也有这样的区别呢？

是的，阅读纸质书时，你可以在精彩的句子下方画上波浪线，或者给令人难忘的书页折上一个角，抑或在纸张的空白处写下你自

网络阅读：或止于浏览

己的批注和心得，这对很多人来说都是深度阅读不可或缺的一部分。众所周知，作为阅读高手，毛泽东一生在书页空白处写下了大量的批注和笔记，这对于他批判性地理解原文有着极大的助益，成为他创造性思想的源泉之一。或许有人会说，屏幕阅读软件也支持注解，但问题是，标注过程中触感没那么强烈，体验没那么深刻。研究显示，手势与认知之间存在密切联系。"特别是对于常常阅读传统纸质书的人来说，实体书页就像是深度理解的基础。"英国谢菲尔德大学认知科学家朱迪思·汤姆森（Judith Thomson）说道。

与电子书不同，纸质书还拥有马上即可辨别的尺寸、形状以及重量。我们会把一套精装版的《红楼梦》当作大部头，将平装版的《人间词话》视为小册子。与之相比，尽管数字文本也有长度——通常用滚动条或者进度条表示，但是却没有明显的形状或厚度。无论你读的是司马光厚重的代表作，抑或是张岱轻盈的小品文精选，电子阅读器捧在掌心的手感都是一样重的。研究人员发现，这些差异所导致的"触觉失调"足以让不少人对电子阅读器避而远之或半途而废。正如ICorrect创始人兼企业家邓永锵爵士善意的提醒："相比Kindle或其他任何电子阅读器，纸质书籍还有另一大独特优势：您可以随手把它扔一旁，下次还能完整无缺地续读它；而电子书籍一旦撂一旁后，阅读差不多就彻底中止了。"

除了一般的感觉外，阅读纸质书给人以更强的整体感。朱迪思·汤姆森将阅读分为三种理解程度：理解字词、理解句子和建立整个大框架。前两种在屏幕和纸质书上差别不大，但在文本的框架建构上，纸质书显示了明显的优势。数字化文本的读者固然可以无缝地滚动阅读文字，也可以点击一下翻页，或者使用搜索过程即刻定位到某一段文字，但是却是只见树木不见森林。尽管Kindle这样的电子阅读器以及iPad之类的平板电脑重构了分页的体验，但是毕

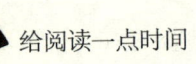
给阅读一点时间

竟那只是虚拟的页面：出现了，然后又消失了。如果将阅读比作旅行的话，直感是很重要的东西。在那些虚拟的页面间跋涉，显然与自己徒步旅行的体验截然不同，沿途苍古的树木、高峻的岩石，还有充满时光印痕的青苔，这些都只是一闪而过，无迹可寻，前面有些什么风景你也无法大略窥见，我们真有点"拔剑四顾心茫然"的感觉。

* * *

俗话说：真理越辩越明。关于电子书和纸质书之争，广大网友也展开了激烈的讨论。说真的，许多网友的洞察力和判断力不比专业研究人员低。细读个中，力挺纸质书的网友数量占据了一定的上风，不过一分为二的辩证观点似乎更让人眼前一亮。为了更加全面、客观地呈现各方观点，不妨各自都摘抄几句，各位看官心中自有判断。

看电子书我总会走神，所以一般还是会掏钱买纸质书。其实只要每个月少买一件衣服，就能读到这个月你想读的所有书了。（@青青♀宝）

阅读纸质书拥有一种幸福感，在翻页中找到指引我的字句，在指尖触碰中感受与作者的共鸣，在迷茫困惑中找寻到内心平静。这些都是电子书无法给予的。（@昕怡）

不懂为什么，阅读电子书，怎么都记不住那些值得铭记的文字，而只有翻阅纸质书的时候，那些文字才有了温度。（@一阐提人）

姑且不论纸质阅读和电子阅读在情感体验上有何差别，单就"占有"本身而言，纸质书给人以实实在在的存在感，而电

网络阅读：或止于浏览

子书不可避免地给人一种虚拟感。（@游明江）

最近六年来，有几百本都是在电子书上完成阅读的。但相比买书后放入书架，有时确有种不属于自己的感觉。所幸读了，读到了，才真是自己的。（@法治门徒邵铭）

纸质书转向电子书，是必然趋势。回溯我们的阅读史，阅读工具总是在不断演变改进。从书简到纤维纸张如此，从纸张到电子设备也是如此。（@腐竹）

已习惯用kindle读书。我的目的是读书，并不在意内容用什么载体呈现。（@老咪）

出门旅行时喜欢读电子书，便捷；在家时，喜欢将纸质书捧在手上，翻书的哗哗响声带来满足感！（@小红）

电子书，适合快阅读。纸质书，对于那些需要翻来覆去不断揣摩的内容更加适合。我会拿kindle看《明朝那些事儿》，但读《道德情操论》就需要纸质书。（@认真de大猩猩）

虽然使用kindle，但如果阅读学术类书籍，还是能买纸质就买纸质。纸质书方便我勾画与批注，而电子书的批注功能远不如纸质书。另外，看纸质书给我一种拥有的感觉，反而感觉电子书都是冰冷的字符，不能触碰。（@耕霞散人）

如此看来，未来的阅读市场更有可能是纸质书和电子书并存的局面，所谓"电子书将全面取代纸质书"的论断似乎下得过于匆忙了。毕竟，能像"@老咪"这样完全不在乎阅读感受的网友实在不多。因为说到底，人是一种很感性的动物，经过数百万年的进化，我们的视觉、触觉、嗅觉、听觉等功能已经高度发达。如上所述，正如实体书店很难被网络书店完全取代，纸质书也有诸多电子书不可替代的优点。因为书籍本身就是一种文化的象征，一种情感和精

神的寄托。试问,你如何送一本电子书给老朋友呢?

最后,也是最关键的一点,那就是我们千万别忘了一个常识:纸张来源于自然,是由植物——竹子、木头和草等做成的。阅读纸质书更容易产生天人合一的感觉——中国文化认为这是人生所能达到的最高境界。中国古人常讲"万物有情",来源于自然的纸张显然也不例外。它的触感、香味、重量、美感让许多人深深陶醉。对于这一点,著名的书籍装帧设计师朱赢椿先生的一番话道出了不少人共通的感觉:

> 纸是有感情的,书是有灵魂的,是有人性的东西。高尔基曾经说过,每一本书都是一个黑字印在白纸上的灵魂,只要我的眼睛、我的理智接触了它,它就活起来了。当你有一本非常喜欢的书有一天在书架上找不到了,或者谁把你的一本很好的书借走不还了或者丢了,你肯定会非常难过,就好像丢了一个朋友一样。

或许,这就是放眼全球——不论是中国还是美国——大多数人还是选择纸质书作为阅读方式首选的关键原因,因为那种心有灵犀的感觉是骗不了人的。在"电子书将全面取代纸质书"的叫嚣声中,我们还是偏爱书页翻动时轻微的沙沙声,还是留恋手捧书籍时所体验的厚重感,还是难忘书页间散发出的淡淡幽香。

还有,热爱生活的你,怎么能在电子书里夹上一瓣野花呢?

4 教育之痛：阅读兴趣是如何被扼杀的

  现在的应试教育，在很大程度上挤兑了学生读书的空间，学校中无书可读的现象远未销声匿迹，学生无暇读书、不想读书的情况也不少见。除了几本干巴巴的教科书，学生几乎不再有时间读其他书。长此以往，这会使他们的精神世界逐渐枯萎，人生色彩逐渐黯淡。这是令人痛心、发人深省的。

——朱永新

教育之痛：阅读兴趣是如何被扼杀的

低龄化电子依赖的隐忧

据说犹太人有个习俗，当孩子出生时，母亲就会翻开《圣经》，滴上一点蜂蜜，让小孩去舔《圣经》上的蜂蜜，通过这一舔，让孩子对书产生美好的第一印象：书是甜的。当孩子稍稍懂事时，几乎每位母亲都会问这样一个问题："假如有一天你家里突然起火，你首先会抢救什么？"当孩子回答是钱或钻石时，母亲会严肃地告诉他："这些都不重要，你首先应该抢救的是书！书里藏着的是智慧，这要比钱或钻石贵重得多，而智慧是任何人都抢不走的。"

凭借着对书籍和智慧的热爱，犹太民族孕育了爱因斯坦、马克思、冯·诺依曼（John von Neumann）等为人类文明作出不朽贡献的天才，更是以仅占全世界0.2%的人口，贡献了22%的诺贝尔奖获得者。相形之下，中国大陆占全球近1/4的人口，诺贝尔奖得主却寥寥无几（目前只有2015年诺贝尔医学奖得主屠呦呦和2012年诺贝尔文学奖得主莫言），这不能不引起人们对教育的反思，并追问：我们对知识和智慧是什么态度？书籍在我们的生活世界中是什么地位？家中着火时我们的孩子会去抢救书籍吗？

中国有句老话，叫"三岁看大，七岁看老"。如今，这句话所包含的丰富智慧已经被现代科学所证实，孩童时期对一个人未来

给阅读一点时间

的发展有着决定性影响,这正印证了意大利著名教育家蒙台梭利（Maria Montessori）的名言："人生的头三年胜过以后发展的各个阶段,胜过三岁直到死亡的总和。"也就是说,环视一下我们周围的孩子,看看他们在干什么,或许可以帮助我们回答上述的三个问题。这让我想到之前在网上流传甚广的一段视频,题目是"三岁小女孩在iPad上玩土椒购物":一开始,小女孩在玩切西瓜的游戏,由于太过年幼,动作有点跟不上,一旁的母亲起先时不时地帮她切几下,后来干脆抓着女儿的手在屏幕上一顿乱切,让人哭笑不得;随后,母亲引导她进入"土椒购物"的应用,向她介绍里面的衣服、鞋子、包包,并不断地问她这是什么颜色,好不好看,想不想要。视频的下方配了这样一段解说词:

> 震撼、震惊,一款超牛、够潮的淘宝购物iPad应用,我三岁多的女儿竟然可以玩转,有视频为证,不管你信不信,我是信了。结果,晚上睡觉的时候说梦话:我要玩iPad,买衣服。

不难看出,这段视频的录制者有着明显的商业推广目的,但可怜的小女孩成为了无辜的牺牲品,因为她很有可能成为电子依赖的"孤独患者"。不幸的是,不少父母没有意识到问题的严重性,反而以幼童玩转iPad作为炫耀的资本,似乎显示出他们培养出了一个天才儿童,而留言区竟也是一片惊讶、羡慕和叫好声,令人无语。事实上,平日留心观察的朋友不难发现,这样的"电子娃娃"在都市中变得越来越多。调查显示,4~6岁的城市儿童有一半会上网,将近八成的未成年人使用移动终端上网。无论是地铁车厢,还是美食餐馆,抑或公园草坪,我都能看到手捧iPad的孩子沉迷于"指尖上的世界",其中不乏幼童的身影,令人触目惊心。四五岁接触电子产品,未成年变成"屏奴"正在成为一种普遍现象。百年前,梁

教育之痛：阅读兴趣是如何被扼杀的

任公一句"少年强则国强"振奋了无数人的心灵，但今天的少年们却将大把的光阴付与了电子产品，网上交友、购物、玩游戏……孩子日渐养成了"不移动"的生活方式，而他们的课余生活仿佛是在iPad、电脑、智能手机等不同屏幕间切换的虚幻世界。可怕的是，这一趋势正在向着低龄化方向发展。

以上海为例，据复旦大学新闻学院曹晋教授等对杨浦区复旦大学附属幼儿园、爱德双语艺术幼儿园的100名学生及其家长等调查显示，学龄前儿童对iPad一类新媒介产品表示了极大的兴趣。其中非常喜欢的占41.2%，比较喜欢的占40.2%，一般情况的占14.4%，在所有被调查者中，不大喜欢或不喜欢的仅为4.1%。"由此看来，几乎90%以上的儿童都对这种新技术产品表示喜欢或者感兴趣。"曹晋总结说。

令人担忧的是，一些孩子对iPad的喜欢到了痴迷甚至强迫症的地步。调查中有一名幼儿园小班的学生，自从有了iPad之后，每天回家用iPad看动画片，玩切水果游戏，或者在网上下载其他游戏。每天睡觉时会将iPad放在枕头边，否则会睡不着。还有两名大班的女同学是邻居，由于父母工作都比较忙，两人几乎每天放学回家都会聚在一起玩iPad游戏或上网逛淘宝。尽管只有6岁，两人已经熟练掌握网购技巧，并经常自己在淘宝网上买东西。真是令人哭笑不得。

更令人吃惊的是，家长对是否赞同儿童使用iPad、iPhone等产品基本保持开放的态度。数据显示，其中有43.3%明确表示赞同儿童使用，42.3%表示无所谓，只有14.4%的家长明确表示反对儿童使用此类电子媒介。在大部分家长看来，使用iPad等电子产品对儿童正面影响大，这部分比例占到了受调查家长的65.3%。排名前两位的正面影响是"增长知识、开发智力"，"为儿童提供娱乐，培养

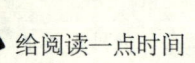

兴趣"。但实际情况并没有这么简单,有些家长由于自身较忙,往往同意孩子使用iPad等智能产品,以免于被孩子"捆绑"。而且很多家长也喜欢用iPad和手机,晚餐后各自看电子产品,家庭交流十分有限,这些都促成了孩子对电子产品的沉迷。

一知半解,往往事与愿违。无奈的现实是,"游戏"成为吸引学龄前儿童使用iPad等智能产品的最主要原因。调查显示,63.7%的家长认为儿童最喜欢"各种各样的游戏"。调查显示,尽管在父母的监管之下,64.4%的学龄前儿童一次使用iPad、iPhone等智能电子产品的时间一般在10~30分钟之间,33.3%的儿童使用时间在30~60分钟之间。但与此同时,儿童使用iPad、iPhone等智能电子产品主要用于玩游戏,这一比例高达73.6%;用来玩游戏的时间一般在0~40分钟之间,比例则达到80.9%。请注意,上述的调查对象是"学龄前儿童",也就是7岁以下的小孩,已经呈现出对这类电子产品——尤其是游戏应用的某种程度的依赖。如此看来,所谓的"增长知识",主要就是玩游戏方面的知识;所谓的"培养兴趣",恐怕也就沦为玩电子游戏的兴趣了。

如果到今天的小学和初中逛上一圈,你会惊讶于为何患近视眼的学生比例如此之高。我敢说,这主要不是书看多了的缘故,而是拜ipad等电子产品所赐。复旦大学附属眼耳鼻喉科医院提供的一项研究数据显示:上海市6~14岁学生患视力低下和近视的比例正逐步上升,10%的6岁学生视力低下,其中6.2%为近视;12岁的学生中近视患病率达41.43%;78.50%的13~14岁的学生视力低下,其中73.72%为近视。在上海市第十人民医院,每天眼科门诊量近1000人次,其中20%是7岁以下的学龄前儿童;而在复旦大学附属眼耳鼻喉科医院,2014年一年就有18万人左右因近视、视力模糊等原因前往医院就诊,其中2/3都为青少年;在上海市眼病防治中心,每天

教育之痛：阅读兴趣是如何被扼杀的

幼儿园孩子的就诊人数为20人左右，但一到双休日和暑假，就诊人数就达到恐怖的每天300～400人。

尽管目前没有科学的文献证明iPad对青少年视力存在不良影响，但专家指出可能会存在一些问题。上海市第十人民医院眼科副主任医师于靖指出："如今一些电子产品由于屏幕亮度高，长时间盯着看，眼睛的睫状肌长时间得不到松弛，高度紧张，会使晶状体过度屈曲，增加屈光度，时间一长可导致睫状肌痉挛，造成调节性近视。"复旦大学附属眼耳鼻喉科医院眼科主任医师周行涛也指出："小孩视觉系统发育还不成熟，控制眼睛闭合的肌肉和控制瞳孔的收缩能力不如成年人，这样更容易比成年人产生视觉疲劳，这种疲劳的积累极易让孩子发生近视。"

* * *

显然，沉溺于iPad等电子产品所带来的负面影响远不止于视力下降，耽溺于"指尖上的世界"会对他们的认知、情感、思维和价值观的发展产生深远影响。在国外，儿童接触电子产品有着严格的建议标准，理性的家长一般都会遵循这些标准，对自己的孩子进行正确、合理的引导，而不是放任自流或持无所谓的态度。美国和加拿大两国的儿科协会指出，1～2岁幼儿不应接触任何科技产品(如电脑、智能手机、iPad、MP3或MP4等现代电子产品)；3～5岁幼童接触的时间，每天不应超过1小时；6～18岁未成年人，每天不应超过2小时。如果超出允许范围的4～5倍，孩子的身体、心理和精神方面，都将受到严重损害，甚至危及他们的生命。专家强调，过度使用电子产品，等于毁灭孩子的未来。

著名的《哈芬顿邮报》(*The Huffington Post*)的相关报道则称，美国一些儿科医生给出了更加严格的建议标准，他们向家长、

给阅读一点时间

教师和政府发出呼吁,应禁止不满12岁的孩子使用手持电子设备。为此,他们给出了十点理由来支持自己的判断:

  1.影响幼儿大脑发育;
  2.运动力发展滞后;
  3.肥胖症及短寿;
  4.睡眠不足;
  5.精神疾病;
  6.好侵犯,情绪难以控制;
  7.数字时代痴呆症;
  8.上瘾症;
  9.被动接受辐射;
  10.失去未来。

  事实上,有识之士不难发现,以欧美为代表的西方发达国家对少年儿童接触电子产品的严格规定揭示了一条真理:越是创造者、发明者,越是透彻地了解一项(科技)创新的价值和弊端;而越是接受者、痴迷者,越容易深陷其中而无法做出理性的思考和判断。必须指出的是,相比于以好莱坞大片为代表的文化殖民,以苹果产品为代表的科技殖民同样可怕,一百多年前大清子民卧在榻上吸食鸦片,惶惶不可终日,断送了中华文明昔日的辉煌;一百多年后,炎黄子孙们须臾不离智能手机、iPad,同样有成为"电子鸦片吸食者"的危险。对此,还有网友做了一幅触目惊心的百年对比图,体现出了可贵的危机意识,但遗憾的是,我们的大多数国民却对此浑然不觉。环顾四周,我们的地铁、候车/候机大厅中,大部分人都在紧紧地盯着手机,或看视频,或玩游戏,或刷微信,看书的人极少。而在欧美一些发达国家,公共场合手捧书籍认真阅读的人随处

教育之痛：阅读兴趣是如何被扼杀的

可见，他们并没有因为发明了手机、平板电脑或kindle而抛弃了书籍，他们深知书籍的价值。

是的，我们还停留在以使用发达国家的高科技产品为荣为上的阶段，而缺乏分类指导的理念，教育领域则是重灾区。重庆市一家幼儿园的老师陈某坦言："班上的小朋友几乎都会玩智能手机和平板电脑，这些孩子的话题经常是iPad上的游戏，不玩反而显得'不合群'。有的中小学老师将作业留在网络邮箱里，上网成了孩子必做的功课。"显然，中国的家长和老师共同推动了电子产品低龄化的浪潮，对于"电子抵抗力"几乎为零的孩童而言，以iPad为代表的电子产品迅速地征服了他们幼小的心灵，从小就在他们的生活世界中扮演霸主地位，这其中所暗藏的风险是多方面的，我们可以来一一细剖个中。

首先，不利于良好习惯的养成。幼儿教育最关键的一点就是好习惯的养成，一旦诱惑力极强的电子产品占据了孩子的习惯空间后，一系列良好习惯的培养都受到了不同程度的制约。比如沟通的习惯、运动的习惯、按时作息的习惯、情绪调控的习惯等，这些孩童时期应该逐步养成的习惯都会因为电子产品的侵袭而夭折。待到年龄稍长之后，专注于学习的能力也难以养成，因为他们的心始终萦绕于电子产品的世界中———一个鼓励三心二意、东游西逛的虚拟空间，甚至即使在看似专心致志的课堂上，他们也会不时地"跑野马"，而这些都是学习的大忌。

其次，不利于社交能力的发展。沉浸在电子产品世界中的孩童，会逐渐形成越来越宅的生活方式，这必将导致孩子缺少与同龄人的交流，还可能会出现话少、沉默、不愿与人交往等情况，成为典型的"孤独患者"，严重影响以后的个性发展。即使是人们津津乐道的网络社交，也依然会削弱社交能力的充分发展。加州大学

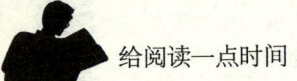
给阅读一点时间

洛杉矶分校（UCLA）心理学教授帕特丽夏·格林菲尔德（Patricia Greenfield）指出，面对面的社交经验，依然是提高情商不可或缺的重要方式。由她领衔的一项研究发现，如果人们长期盯着电子屏幕，将难以学习到重要的社交技巧，更难培养捕捉情感线索的能力。相比每天花数小时使用电子产品，连续五天"戒掉"对电子产品依赖的学生，表现出更好的阅读和理解人们情感的能力。

再次，不利于批判性思维的形成。由于智能手机、iPad等移动网络终端所推送和发布的信息具有高度碎片化的特点，这使得每天徜徉其中的少儿难以获得系统性的知识积累，更难以发展批判性的思维方式。对于人的有限的心智而言，海量信息和没有信息是等价的，因为大部分信息都像过眼云烟，无法在人们的心中留下印记，就更谈不上深刻的理解和长期记忆了。如果孩子从小就习惯了在信息的汪洋中随意地浏览，随性地转发，随便地"晾晒"，那么他们就很难发展出价值判断的能力，无论对于科学、艺术、宗教或人类生活的任何一个领域。这就好比一个经常嚼口香糖又不断吐掉、却对真正的食粮无动于衷的人，当一盘真正的大餐放在他面前的时候，他已经丧失了品鉴的能力。

难怪有人会感慨，当孩子的生活世界越来越被电子产品所占据之时，书籍就无奈地成了一种边缘性的存在。习惯了浏览、玩转五光十色、动感刺激、闪转腾挪的虚拟世界的孩子，对于静态、肃穆、深邃的书籍世界是如此的陌生，又如此的抵触——他们感觉不到翻动书页时指尖的丝丝温存，闻不到书本中散发出的淡淡幽香，也享受不了纸张上静态的涓涓文字。如果不是学校的缘故，他们真想把书本全部扔进垃圾箱，因为一个iPad已经足够了。可悲的是，许多大人也这么想。

现在，我们或许可以来回答开头提出的三个问题了。毋庸讳

教育之痛：阅读兴趣是如何被扼杀的

言，我们对待知识的态度是实用性的，崇尚拿来主义，这也决定了我们鲜有兴趣来进行知识的原始创新。我们缺乏为科学而科学，为艺术而艺术的精神，有的只是科学为技术服务，艺术为政治服务的传统。对于考试相关的知识，我们高度重视，反复背诵和练习，即使无法吃透它们的深意；对于和考试无关的知识，我们很少提及，即使口头上鼓励孩子学习，其实内心并不以为然，归根到底还是我们缺乏对知识的敬畏和尊重，知识在我们心中只有工具性价值，更像是为我们的人生服务的奴婢。或许我们对智慧的态度要好一些，而这更多是由于许多人根本无法说清智慧到底是什么，却被它强大的光环所笼罩，所以多少对它心存敬意。但如果要在"金钱""权利"和"智慧"之间进行选择，我敢保证，大部分人最先舍弃的肯定是"智慧"，因为智慧看不见、摸不着，也无法供人享受。是的，尊重不代表追求。

  明白了这一点，承载知识和智慧的书籍在我们的生活世界中的地位也就可想而知了，更何况前有iPad等高科技电子产品君临天下，后有应试教育的指挥棒不断的激励鞭打，书籍的边缘化地位似乎已经注定。尽管每次大型的书展都是人头攒动，甚为热闹，但每年岁末自问读了几本书时，许多人（包括孩子）脸上是一副无奈的表情。原来所谓的购书也只是给家中煞有介事的书架装饰一番罢了，从"没时间""没习惯"等的理由中寻找一丝象征性的安慰。因此，绝对不能指望我们的家长会叮嘱孩子家中着火时先抢救书籍，而现实的情况很可能是，在不需任何叮嘱的情况下，不少孩子会主动地抢救心爱的iPad。因为没有它，我们的许多孩子真的不知道该如何生活。

 给阅读一点时间

稀薄的家庭阅读氛围

中国人爱面子可谓尽人皆知,随着经济全球化进程的加剧,西方文化对我国的渗透无处不在,我们的面子文化也就有了新的变种。比如说,当国人的装阔心态与西洋的红酒文化相遇,一向为小资们所追捧的"星巴克咖啡"就顿时隐了身。在星巴克,一杯拿铁咖啡的价格是25元人民币,没有昂贵到工薪阶级不能负担的程度,也就是说,25元一杯的咖啡不能区分社会地位和阶层。于是,高大上的红酒来了。

对此,《纽约客》(The New Yorker)驻华记者欧逸文(Evan Osnos)曾描写过一对在中国做红酒生意的父子。"在中国,红酒作为一种奢侈品,其消费具有显摆的功能"。进口商处理卖不动的红酒,方法就是加价。"消费外国酒是步入中产的标志,美国人60年代之所以开始热衷于红酒,也是因为那时的电视广告和喷气式飞机服务都力图把红酒推销为一种所谓的生活品质,今日中国所发生的,也许是老调重弹"。

几年前,美国人怀特德·弗莱(Laurence Whitted-Fry)写了一本名为《假装的艺术》(The Art of Faking it: Sounding Smart without Really Knowing Anything)的书,把"装"分成电影、书籍、话剧、把妹、钓男等18个领域,初衷是为了讽刺一些爱面子的

教育之痛：阅读兴趣是如何被扼杀的

假装人士，孰料却在一夜之间成为小资圈里的畅销书。对于许多中国人而言，他们天生就精通于假装的艺术，毕竟我们在面子文化的酱缸里已经浸淫了几千年，西洋人的这点小聪明也就不值一提了。

就我所知，近年来我们的许多家庭都悄然添置了一样新东西——酒柜，不少人都以在其间放上几瓶自己也不清楚名称、产地和年份的红酒为尊，因为大家都不懂，不丢面子。但这是身份和地位的崭新象征，这个大家都懂的！中国人向来都活在懂与不懂之间。几乎与此同时，在我们的文化中一向至高无上的象征——书柜，却在家庭中悄然丧失了原有的地位，甚至沦为储物柜的可悲境地。归根到底，这种重酒柜轻书柜的现象是红酒文化对书籍文化的胜利，更是装腔作势的面子文化对知识与智慧的胜利。中国人的面子文化，从来没有像今天这样达到登峰造极的地步。

2014年9月，人民论坛问卷调查中心出炉了一份《当前社会病态调查分析报告》，报告甫一问世，立即引起了诸多媒体和广大网友的热议。报告中直言不讳地指出了13种公众反映较多的中国社会病态，百分比由高到低依次排列如下：

1.信仰缺失：价值多元化下存在信仰与道德有关的精神危机，道德赤字与坏账凸显；

2.看客心态：阿Q式的冷漠、麻木与围观，崇尚"事不关己高高挂起"的处世哲学；

3.社会焦虑症：因工作、生活、养老及未来无法预期等而长期紧张与不安；

4.习惯性怀疑：社会诚信危机导致人与人之间缺乏信任和安全感，从而怀疑一切；

5.炫富心态：展示、炫耀财富，虚荣心作怪，自卑心理的

另一种反映，炫耀是为了获得满足感；

6. 审丑心理：丑闻成为丑闻制造者的通行证，假恶丑盛行，越骂越红；

7. 娱乐至死：崇尚个人享乐主义，心甘情愿地成为娱乐的附庸；

8. 暴戾狂躁症：粗暴野蛮、乖张残暴，易怒且好走极端甚至危害社会；

9. 网络依赖症：对网络及移动媒介上瘾，产生依赖，沉溺在虚拟世界中不能自拔；

10. 自虐心态：骂共产党、恨体制，甚至获得体制内好处越多的人骂得越凶；

11. 鸵鸟心态：逃避现实，"掩耳盗铃"，面对压力与困难采取回避态度；

12. 思考恐惧症：鹦鹉学舌，人云亦云，对于谣言或他人观点，不假思索，附和跟风；

13. 初老症：未老先衰，心比实际年龄老得快，过早放弃追求、过早妥协。

应该说，这13刀是刀刀见血，绝无许多报告不痛不痒的弊病，令人称快，却又叫人汗颜。其实，国人重酒柜轻书柜的心态，从上述的这些社会病态心理中可以找到清晰的脉络。比如，许多人由于对工作、生活、养老及未来无法预期等因素而产生了严重的社会焦虑症（排名第三），即便是许多外企的白领，也时常会产生这样的紧张与不安。如果这些情绪不能迅速得以化解，就需要某种象征性的安慰，外表光鲜亮丽、价格可高可低、内涵无限丰富的红酒正是绝佳的满足品。

对于某些"富二代"或暴发户而言，不可救药的炫富心态更是让他们对这一西洋舶来品乐此不疲，整整一面墙的红酒静静地躺在那里，真像埃及的狮身人面像一样庄严。反而言之，娱乐至死的一代对电视文化和网络文化毫无抵抗力，加之应试教育的摧残，他们在远离书籍文化之后慢慢患上了思考恐惧症，由此而来的恶性循环则是更加疏离书籍和阅读，因为无论是知识的习得，还是智慧的积淀，都需要不断的独立思考。

重酒柜轻书柜心态的最直接表现，就是我们可怜的家庭藏书量。2013年我国成年国民的家庭藏书量是34.51本（2014年报告中无此项数据），其中很大一部分是教科书，远低于国际平均水平，大约只有德国平均家庭藏书量的1/10。另外，我国3.6亿多儿童人均拥有图书仅为1.3册，未成年人儿童读物拥有量在全世界仅仅排在第68位。要想热爱读书，最显著的前提便是有书可读，以上数据却表明了我国少年儿童在家庭阅读方面的严峻状况。

对此，美国内华达大学社会学家玛利亚·埃文斯（Maria D. Evans）领衔的研究团队对全球7.3万人的阅读及教育成就做过一个享誉世界的系统研究，名为《家庭学术文化与教育成功：来自27个国家的图书和学校教育情况》（*Family Scholarly Cuture and Educational Success : Books and Schooling in 27 Nations*），其中中国部分的数据表明，家中拥有500本以上藏书的孩子比家中没有藏书的孩子平均多受6.6年的教育，这几乎相当于整个本科和硕士阶段的求学时间总和。研究人员还指出，家庭藏书数量两倍于父亲教育背景对孩子教育程度的影响，同时也比所在国经济状况、父亲职业等的影响更大。由此可见，家庭藏书量在家庭教育中扮演着举足轻重的角色。

当孩子们在集中不读书或无书可读，却将大量时间用于看电

给阅读一点时间

视、逛网络、玩智能手机与平板电脑时，读书求知、读书明理、读书成才的美好期许，离他们将会越来越远。孩子不喜读书，其动脑机会将会大大减少，语言文字能力将会大幅下降，甚至会导致思维生锈、灵感枯竭。这不仅是家庭的危机，更是国家和民族的危机。

或许会有一大批家长起来拍砖，我们最常说的一句话就是"快去看书"，怎么能说我们不重视孩子的阅读呢？是的，事实确实如此，但问题的根源在于：我们的家长自己不阅读，却经常逼孩子看书，这种简单粗暴的思维是典型的"重言传轻身教"，是教育中最忌讳的一点。其实道理很简单，要让孩子喜欢上读书，家庭的氛围至关重要，首当其冲地表现在家长是否重视读书，是否常以自己的读书行动带动孩子读书。有调查显示，在那些经常阅读的孩子群体中，有79%的孩子家长每周都会抽一定时间读书；相比之下，在不经常读书的孩子群体中，只有15%的家长会这么做。可见，家长经常读书，会在无形中激励孩子养成良好的阅读习惯。

写到这里，我不由地想起了《红楼梦》中王夫人冲袭人对宝玉的抱怨："我何曾不知道管儿子……我常常掰着口儿劝一阵，说一阵，气的骂一阵，哭一阵，彼时他好，过后儿还是不相干。"事实上，在中国，虎妈狼爸毕竟是少数，多数家长是王夫人这种类型，心里焦急，又没实际效果，一提起孩子就犯愁。看看这些焦急的脸庞，真是可怜天下父母心！

然而，俗语说得好：可怜之人必有可恨之处。看看那些人到中年的父母们整天都在做什么？有的天天应酬，总在赴宴的路上；有的天天麻将，在牌桌上醉生梦死；有的天天电视，缠在漫长的肥皂剧情里……即使是身为官员的父母，甚至是在文化部门工作的父母，也基本上只是干干工作，平时极少读书。抱怨孩子不读书的父母，基本没有一个有阅读的习惯，却不时塞给孩子一本枯燥乏味的

教育之痛：阅读兴趣是如何被扼杀的

书要他读。这与日本小说家东野圭吾在《恶意》中的名言何其相似：

> 简单来说，现在的父母自己都不看书了，却一味逼着小孩去读。可是由于自己没有阅读的习惯，结果只能把政府推荐的图书硬塞给他们。不过，那种书通常内容生硬而无趣，只会让孩子更讨厌书本。这种恶性循环应该会周而复始吧。

当然，父母总是有堂而皇之的道理："我当年……"那意思就是说，我早就已经读过了，现在可以清闲地享受生活了。你这个年纪不行，得玩命地学，疯狂地看书。但这样的话对于一个孩子来说，价值几乎为零，甚至传递的是负能量。试想，一个毫无阅读习惯和阅读素养的父母，怎么能让自己的孩子对书籍爱不释手呢？一个丝毫不敬畏知识、热爱智慧的父母，怎么能妄自期许自己的孩子必须要考上一流大学呢？我们常说"榜样的力量是无穷的"，但在阅读这件事上，我们无数的家长扮演的却是反面的榜样。孩子的眼睛是雪亮的，如果他们所闻与所见是相悖的话，会悉心领受这种苍白的说教吗？事实上，大部分孩子在没有约束的情况下，都会将手不自觉地伸向手机、iPad或电视遥控器，谁敢说这与家长在家庭阅读生活中的不作为毫无关系呢？

* * *

没有调查就没有发言权，让我们用数据来说话。宁波市海曙区一项针对1000户家庭"亲子阅读"的调查结果显示，尽管绝大多数的父母都意识到亲自阅读的重要性，但超过60%的家长在生活中没办法做到陪孩子一起阅读，即便有时间，能够每天坚持下来的人也寥寥无几。在陪孩子看书的家长群体中，62%的家长选择的是

给阅读一点时间

15~30分钟，选择1小时以上的人群只占4%。

对此，中国教育科学院访问学者徐晓虹一针见血地说："为什么陪孩子一起读书的家长那么少，而且时间那么少？归根结底是因为我们的成人自己不读书。因为对成人来说，更爱看电视剧、玩电脑游戏或者打麻将。……孩子是非常渴望有父母陪伴的。而我们的家长却因为生活压力，有违'父母'这个角色，常常忘记陪伴孩子，这样不利于孩子自信心的培养，也不利于良好家庭关系的构建，所以这些家长应该好好反思一下。"

另一项由天津市教育科学研究院开展的家庭阅读调研更加系统全面，样本量也更大（针对该市14135名中小学生），结果却是如出一辙：中小学生的家庭阅读氛围普遍薄弱。第一是家庭藏书量的普遍低下，家庭藏书量在20本以下占比高达40.8%，藏书量在61本以上的仅为16.3%；第二是父母阅读行为的缺失，学生认为自己的父母在家中很少阅读书刊的占到了调查总样本的25.1%，还有26.8%的学生对父母是否阅读书刊说不清（可见即便有也是偶然），两项相加超过一半；第三是父母对孩子课外阅读的态度暧昧，当学生阅读课外书时，经常受到父母批评、责备的占到了11.8%，还有15.6%的学生说不清父母对自己读课外书的态度；第四是家庭关于课外阅读心得的交流太少，只有30.6%的学生在家能常与父母交流、讨论所读课外书情况，高达44.2%的学生明确表示不能就阅读课外书的问题与父母交流、讨论，或许他们觉得这样做会受到父母的批评和斥责。

应该说，天津和宁波作为我国经济较为发达的地区，在我国大中城市中颇具代表性，其家庭阅读状况尚且如此，其他经济相对落后地区就更加惨不忍睹了。正如天津市教育科学研究院基础教育研究所所长邢真所言："家庭是孩子进行课外阅读最多的场所。家长

教育之痛：阅读兴趣是如何被扼杀的

的读书品位和阅读习惯，潜移默化地影响着孩子的阅读水平。"家长阅读与否，习惯如何，读的是经典著作，还是花边新闻，是否鼓励孩子课外阅读，并与其探讨相关话题，都决定了一个家庭阅读生活的品质和内涵，并极大地影响着孩子的阅读习惯、品位和能力，对其思维方式乃至生活方式有着深远的影响。甚至可以说，一个人在家庭中所习得和濡染的学识、教养与趣味，比其从幼儿园一直到大学所接受的教育总和更为深刻和持久。因此，著名教育家朱永新先生早就喊出了一个响亮的口号——家庭阅读是国事！

的确，家庭阅读是全民阅读的基石。遍览各发达国家，大多数家庭都十分重视亲子阅读。在美国，阅读和写作更是被视为个人事业成功的关键。无论是政府，还是家庭，都对亲子阅读给予高度的重视。2013年11月30日，美国总统奥巴马带着两个女儿前往位于华盛顿西北部一家由当地业主经营的独立书店"政治学与散文"（Politics and Prose），照着书单一口气买了21本书，近一半都是适合于儿童或大一点孩子的读物，显然是为15岁的玛丽亚和12岁的萨沙所买。

让我们来看看奥巴马的亲子阅读书单。这些书包括钟芭·拉希莉（Jhumpa Lahiri）的《低地》（The Lowland）、卡森·麦克勒斯（Carson McCullers）的《伤心咖啡店之歌》（The Ballad of the Sad Cafe and other Stories）、詹森·马修斯（Jason Matthews）的《红麻雀》（Red Sparrow）、卡勒德·侯赛尼（Khaled Hosseini）的《追风筝的孩子》（The Kite Runner）等。此外，奥巴马还购买了讲述克格勃情色间谍故事的《红雀叛国者》（Red Sparrow）、史翠德（Cheryl Strayed）的传记作品《那时候，我只剩下勇敢》（Wild）等书，他在付钱时表示："书单很长一串。我买的书涵盖各个年龄层，适合5岁到52岁的都有。"说到底，总统也是平凡人，作为两

给阅读一点时间

个女儿的父亲，他对家庭阅读的重视不言而喻。据一项调查显示，美国小学生的阅读量是中国孩子的六倍，从他给女儿买的这一长串书目可见一斑，而且高水准的经典著作占据了核心地位，这可以视为美国人重视阅读的一个缩影。

在日本，早在20世纪60年代，日本儿童读物作家椋鸠十率先发起了"亲子读书运动"和"家庭文库运动"，从鹿儿岛县推广到全国，鼓励父母每天抽时间陪孩子读书20分钟。这项活动得到了很多妈妈的广泛支持，她们组成了热情的志愿者团队，不遗余力地推广和宣传。如今，这种理念在日本已经深入人心，由此引发的社会再造运动一举扭转了日本儿童把漫画当作"主食"的情势。

2008年，中日儿童文学研讨会在浙江师范大学举行，有九位两国学者上台发言，与会的还有日本推动读书运动的妈妈们。当得知发言讨论中所涉及的作品——如《哈利·波特》系列、《魔戒》系列（*The Lord of the Rings*）、《纳尼亚传奇》系列（*The Chronicles of Narnia*）等并没有被这九位学者全部读完时，与会的妈妈们提出了强烈的批评。要知道，这些平日里的全职太太，之所以有勇气和魄力在国际学术会议上和专家叫板，靠的就是她们对儿童书和儿童阅读的不输于任何人的热情。她们怀着深沉的母爱，为孩子自制图书，或写、或编、或画。内容或取自民间传说和经典名著，或完全来自家庭生活小故事。甚至还创办了自编图书俱乐部，通常每周举行一次聚会，或交流心得、经验，或展出自己的作品，气氛融洽热烈。也正是有了这样一批伟大的母亲，日本的儿童阅读才得以实现华丽的转身。2014年3月，国际儿童读物联盟在第51届博洛尼亚童书展上宣布日本作家、文化人类学者上桥菜穗子获得有着儿童文学界的诺贝尔奖之称的"国际安徒生大奖"。

在德国，读书应该是除了足球之外的，几乎全民都喜欢的一件

教育之痛：阅读兴趣是如何被扼杀的

事。德国人酷爱读书得益于德国父母对孩子的从小培养，"亲子阅读"是德国家庭很重要的日常生活内容，年轻的父母绝不会为忙工作忙挣钱而放弃"亲子阅读"。从幼儿时期开始，日常及睡前给孩子读故事是父母必做的事。再大点的孩子，则由父母陪着一起阅读，父母还会提问题调动孩子的阅读兴趣。在他们看来，让孩子从读书中得到快乐比什么都重要。

据德国读书基金会公布的调查数据，德国有81%的家庭每天陪子女阅读，28%的德国公民是"书痴"，35%以上的人年阅读书籍超过18本，14%的德国家庭有"家庭图书馆"或"家庭图书角"，藏书家更是比比皆是。这一连串的数字实在是德国国家实力的绝佳注解，或许也定义了为何"德国品质"总是高人一筹。在许多德国人的家中，客厅、厨房、卧室甚至洗手间，都摆满了图书。虽然有些杂乱无章，但那浓郁的书卷气却给人一种温暖的感觉，像是走进了一条文化长廊。"阅读从儿童抓起"，早已成为德国上下形成的共识。他们认为，经常性大量的阅读，能够使青少年更好地掌握读书技巧，迅速提高理解能力和思考能力。与课余时间只看电视或玩电脑游戏的孩子相比，阅读爱好者会更广泛更深刻地了解世界，词汇量丰富，其语言表达能力和思维能力也远胜过不爱阅读的人。

2012年法兰克福书展上，主办方在宣传单页上印了这样一句话：在书本环境中长大的孩子，要比缺乏书本环境的孩子多出三年教育。对于深谙教育规律、长期浸淫在书本文化中的德国人，这一掷地有声的识见向全世界展现了德国文化的自信。在中国家长还在为是否要为孩子购买价格高昂的"学区房"而犯愁时，德国人早就跑在我们前面去了，因为他们明白家庭阅读生活和公共阅读文化是学校教育的重要基础，教育远不只是学校的事。在对教育的理解上，或许我们真的是输在"起跑线"上了。

给阅读一点时间

还是在这次书展上,有人看见一个女孩的衣服上写着充满精神力量的一句话,令人过目不忘:

I buy books like some one buy shoes(我买书就像有些人买鞋)。

这让我想起了一位曾在德国留学和执教多年的哲学博士的感触:"对很多德国人来说,最大的乐趣,除了度假,就是读书。他们认为,哪怕生活无望,物质上再贫穷,都会觉得至少自己的精神世界还在。"正是这样的价值观和精神力量,使得这个曾经的二战战败国在战后重整旗鼓,迅速地从一片战争的废墟中崛起与腾飞,让人不能不由衷地感叹德意志民族精神的伟大。

反观国内,各种庸俗的物质主义、消费主义思潮如洪水般汹涌澎拜,大杀四方,我曾在校园中看到一个男生的T恤上赫然印着这样一句话,令人过目难忘:

除了金钱和美女,我什么都能抵抗。

作为一名教育工作者,我不禁反思,同样是年轻人衣服上印制的标语,为什么反差是如此之大呢?

教育之痛：阅读兴趣是如何被扼杀的

教科书，还是教科书！

1999年，举国关注的《中共中央国务院关于深化教育改革全面推进素质教育的决定》（以下简称《决定》）发布，面对多年来全社会对应试教育的不满和鞭笞，作为一种先进的教育理念——素质教育终于被正式提出，并尝试在全国范围内推行，"素质教育"也一度成为大陆的热门词汇，人们张口闭口都大谈"素质教育"，似乎不谈此词就显得很没素质似的。不幸的是，十多年过去了，素质教育并没有使我国的基础教育产生质的飞跃，反而演变成了另一种更为精致的应试教育。看看如今的中小学校园，和我国其他领域内风行的形式主义一样，我们所标榜的素质教育同样流于形式，成了家长乃至全社会的一块心病。

如果我们来细读《决定》中的几个关键词，对素质教育的难言成功就了然于心了。文中明确指出"以提高国民素质为根本宗旨"，试问十多年过去了，我国的国民素质得到根本提高了吗？答案似乎有些焦灼。回望千禧年以降，我们看到了毛入学率的不断攀升，看到了世界一流大学和一流学科初露端倪，看到了终于有本土科学家获得诺贝尔奖，看到了奥运会金牌数首次高居榜首……与此同时，我们却也目睹了一个急功近利的社会中群体道德的滑坡甚至塌陷，感叹着"假作真时真亦假"，忧虑着人心被金钱和利益所绑

给阅读一点时间

架,担心着文艺沦为市场的奴隶。有一天,我们惊异地发现:小品越庸俗越叫好,电影越恶俗越叫座,网站越低俗越赚钱。更让人讶异的是,不断有大学生猝死在千米跑体能测试的途中……

《决定》特别指出"以培养学生的创新精神和实践能力为重点",但在应试教育的指挥棒下,许多人的想象力和创造力早已被扼杀于孩童时代,创新精神似乎也就成了无源之水。著名的"钱学森之问"久久萦绕于中华大地整整十年,但我们的人才培养质量依然难言有质的飞跃。在试卷和分数的淫威下,学生的实践空间被大大压缩,即便有所谓的实践学分,也只是装点门面的伎俩,"高分低能"的情况依然普遍存在,因此就难免出现这样的尴尬境况:一方面是每年数百万名的大学毕业生,另一方面却是企业叫喊着招不到合适的人才,学生实践能力的缺失无疑是其中的重要原因。

《决定》中关于"德智体美全面发展"的目标论述或许是每个人都耳熟能详的,但仔细审视一下过去十多年中国学生的表现,我们离这个目标着实还有些距离。从"语数外"主导的小学时代起,不少课程都已经默认居于副科乃至边缘的地位,随着教育程度的攀升,考试竞争的压力也越来越大,我们脑海中那些"重要"的课程——诸如体育、美术、音乐等,早已从学生的学习生活中残酷退出了,而许多县一级的中学则干脆将之改为主课补习课,都市中学的情况也好不了多少。在这场旷日持久的恐怖"军备竞赛"中,学生的身体素质每况愈下,梦想逐渐成为一种奢望,艺术爱好和生活情趣被消磨殆尽,剩下的只有一大堆的教科书、习题集、考试卷以及所谓的标准答案,还有他们对考试成绩和排名近乎本能的恐惧,对阅读和书本深藏已久的痛恨和厌恶。

正应了那句网络名言:理想很丰满,现实很骨感。德智体美全面发展的美好目标,如今有滑向德智体美全面平庸的危险。或许上

教育之痛：阅读兴趣是如何被扼杀的

面的论述还略显主观，我们可以让事实来说话。2014年，全国人大代表、北京教育科学研究院吴正宪主任在接受记者采访时指出，中国青少年体质连续25年下降，学生的身体力量、速度、爆发力、耐力等身体素质全面下滑。学校的体育活动，尤其是对抗性、有身体接触的活动，也越来越少。

2014年国家社科课题"中国青少年体质健康行为调查"的数据也显示：在休息和节假日的空闲时间，外出运动的青少年不足30%，这一数字远远落后于我们的邻国——日本和韩国。具有讽刺意味的是，100多年前，我们被外国列强称为"东亚病夫"。如今我国经济总量跃居世界第二，竞技体育已经跻身世界前列，我们的金牌一次比一次多，但国民体质却是一代不如一代，我们的教育有不可推卸的责任。

由于学校早已不是社会的灯塔，而更像是社会的尾随者，物质主义和消费主义已经在这个时代的青少年中呈逐步蔓延的态势，这在相当程度上对他们的道德标准构成了严重的威胁。众所周知，一部以炫富为主题的《小时代》系列电影竟然收获了近20亿元的票房，观众主力就是如今的"90后"和"00后"，大部分都是在校的大学生、中学生甚至小学生。不难断言，如今青少年的价值观存在深刻而严重的问题，其中隐含的道德标准的降低是不言而喻的。

同时，这种拙劣、低俗的观影趣味也从一个侧面折射出了这一代人的审美品位，这部分取决于学校一贯对于审美教育的忽视——从德智体美的排序即可看出，审美在许多人眼中是可有可无的东西，至多只有点缀。因为它从来都不是主课的内容，与中考和高考无关，在大学教育中也是相当边缘化的存在。而西方发达国家却将以艺术教育为核心的审美教育，放在和科学教育同样重要的地位，因为在他们眼中，艺术和审美就是创造力的代名词。窃以为，"钱

给阅读一点时间

学森之问"的部分答案就隐藏在其中。

那么就只剩下智育了,我们确实把太多的时间放在所谓的"智育"上了,放在了语数外、物化生、史地政上了,或许还有计算机,那么我们的智育成就是不是举世瞩目呢?客观公允地说,确实有某些备受瞩目的东西,比如国际数学奥林匹克大赛的获奖数,SCI收录的中国学者发表的论文数等,甚至于英国教育大臣还率领代表团来上海考察我们的数学教育。但平心而论,只要一览全球范围内从基础科学到科技产品的创新,从文化创意的影响力到价值观的输出,我们距离西方发达国家还有不小的距离。

是的,如果就科技创新和文化软实力的层面而言,我们的智育水平还有很大的提升空间。在大江南北的众多课堂上,我们的智育仍然主要停留在机械的背诵、呆板的模仿、总结的套路以及清一色的标准答案,没有批判性的视角,没有跨学科的视野,缺乏对想象力和创造力的考察,所以我们的学生很难体会数学的美感,难以探究历史的真相,不在意化学和生活的联系,也无暇思考生命背后的意义。总而言之,改头换面的素质教育究其内核依然还是应试教育,而后者的可怕之处在于让学生成为了工具性的存在,而我们千万不要忘记:教育的本质和目的是,让人成为他自己。

* * *

毋庸置疑,在应试教育的主导下,教科书成为了大多数中国学生阅读生活的主角,剩给他们阅读课外书的时间非常可怜。我想,只要任何一个人环顾一下周围的情况,几乎都不难察觉到这个令人沮丧的问题。

2012年10月,上海语文刊物公布的网上调查结果显示,有72.27%的学生在一年中阅读的课外书不到10本,其中有5.94%的学

教育之痛：阅读兴趣是如何被扼杀的

生表示在同期间没阅读任何课外书。更令人担忧的是，许多"90后"学生对经典名著感到陌生——只有15.51%的人阅读过中国四大名著：《三国演义》《水浒传》《西游记》和《红楼梦》，而大部分中学生则没有完整阅读过。即使多名受访者将漫画、杂志和各种速食畅销读物纳入计算范围，上海中学生群体的课外阅读量还是甚低。

同年8月，广东省居民阅读调查报告发布会暨首届岭南阅读论坛发布的《14～17岁青少年阅读调查报告》显示，全年未读一本课外书的学生比例竟高达32.8%，在这部分学生中，超过半数（52.3%）表示是"因功课而没时间读书"，由此可见，繁重的课业负担极大地挤占了中学生原本应该阅读课外书的时间。

再将视线转向江苏。2012年5月，《新华日报》记者随机调查了南京、徐州、盐城等地100多名中小学生，结果同样令人失望。每天能用1小时阅读课外书的学生不到15%，能阅读半小时的学生也不超过30%。南京市教科所所长刘永和向记者坦言，中小学生课外阅读严重不足，是一个普遍现象。参与调查的一位老师感慨现在的孩子读课外书的"激情指数"几乎为零："上语文课时，我经常提到一些文学名著，可没几个学生真正读过的，大部分'听说过'，只有屈指可数的几个人是'读了一半就放下了'。"学生本人的心声最有代表性，阜宁县高二学生陈娟略带抱怨地说："我们一共有9门功课要学，每门课至少有两本教辅书要看，做作业、复习功课，一个都不能少，占用了绝大多数课外时间。高考新增的必读书都没时间看，哪有时间看课外书，能把书名看一遍就不错了。"南京行知中学学生陆慧敏则哀诉："每天回家写作业得一个半小时，眼睛很累了，就不想再看书了。不是我们不想看课外书，实在是没时间看。一学期能看完一本课外书就不错了。"

给阅读一点时间

　　以上的案例都是经济相对发达的东部沿海地区,学生课外阅读现状已不令人满意,更遑论中西部经济欠发达地区和广大农村了。同样糟糕的是,在应试教育所向披靡的淫威和震慑下,可怜的天下父母大多只能选择屈服和顺从。在这样的恶性循环中,所谓的家庭教育只是学校应试教育的仆人罢了,或者更准确地说,成了应试教育的某种牺牲品。对待孩子的学习,许多家长都有着这样朴素而简单的逻辑:与考试有关的书要尽量多看,与考试无关的书要尽量少看,甚至不看。这让人想起当年的叛逆少年韩寒的那句看似离经叛道的名言:

　　　　所谓有用的书,就是只过了六月就再也没用了的书。所谓没用的书,则是可以让你一辈子受用的书。

　　孰是孰非,想必读者心中自有公论。不过至少有一点是肯定的,许多家长将考上重点中学或重点大学,作为孩子上学的主要目的甚至唯一目的。这本也无可厚非,但在中国应试教育为主导的格局之下,学生为应付考试升学所付出的代价实在太过惨重:过于密集的题海战术,过于单薄的阅读积淀,过于孱弱的创新思维,过于逼仄的想象空间,都让中国的年轻一代心智发育迟缓,而课外阅读的严重不足则是其中的关键原因。

　　因此,我们就不难理解为何今天的大多数中学生对四大名著知之甚少,更别说《诗经》《傲慢与偏见》(Pride and Prejudice)或《时间简史》(A Brief History of Time)这样的东西方经典了。许多学生的头脑中除了应试须知须背的东西外,也就是几部电影或电视剧,几十首流行歌曲,几篇漫画,以及微博、微信圈里的一些信息罢了。浙江某报纸曾就学生课外阅读采访中学任课老师,得到的评价只有四个字:惨不忍睹。一位姓吴的语文老师向记者坦言,他

教育之痛：阅读兴趣是如何被扼杀的

给一个文科班上《林教头风雪山神庙》一文，课前先问了学生一个问题"请曾看过《水浒传》的学生举手"，结果全班50位学生中，只有4位学生举起了手。这位吴老师不由感慨："学生既不知《镜花缘》为何物，自然就更不知《少年维特之烦恼》（*The Sorrows of Young Werther*）烦什么了！文科班的学生状况如此，理科班可想而知了！"但我们要追问，这些朝气蓬勃的少年们，真的不想了解少年维特的烦恼吗？当然不是！而是他们知道，看课外书一旦被老师发现，课外书多将遭受一去不复返的厄运。

有人会说，学校不让看课外书，回家总能看个痛快吧！错了，中国的家长从来都是不甘落后，除了学校布置的海量作业外，由他们主导的各种辅导班、兴趣班还在后面排着队，课外阅读无奈地成了学校和家庭的双重弃儿。一位姓陈的中学生曾写信给《金华日报》，坦露了自己在课外阅读中的尴尬处境和苦闷心情，道出了许多中学生的共同心声：

> 我是名副其实的小书虫，一有空就喜欢静静地看书。但自从上中学以后，每当我捧起课外书，父母就会走过来，一连串地发问"是跟学习有关的吗？""老师要求的吗？""为什么不多看看课本？快考试了！"……一次，爸爸见我手里拿着一本课外书就打了我一巴掌，他的理由是我的成绩太差了。可是，课外书是我的生命，是我最好的朋友，叫我怎么放弃？

对于我们这一代人而言，上述这一连串的发问也许耳熟能详，但历史的车轮毕竟在前进，我们不能再重蹈上一辈人的覆辙了：什么是学习？课外阅读难道不是学习吗？老师要求的就一定对吗？不能挑战老师的权威吗？为什么课本编得那么无趣而教条？考分高就是个人价值的体现吗？……我冒天下之大不韪问了这些问题，因为这些问题得不到解答和解决，中国的教育就没有未来，中国的孩子也就没有希望。那位父亲打下的这记响亮的耳光，打疼的不仅是一个女儿的心，更在无意中打到了中国教育的痛处。总有人问，为什么阅读难以成为中国人的一种生活方式，答案很简单：因为许多老师和家长都扮演了刽子手的角色。

众所周知，在经历了初等和中等教育惨烈的"军备竞赛"后，进入高等教育的个体突然获得了空前的自由，这似乎是阅读生活的福音。但可悲的是，在历经了十几年应试教育的"折磨"之后，学生对书本和阅读充满了复杂而矛盾的感情，一方面是排斥和仇恨，另一方面却是功利主义和消费主义——书本就像一块口香糖，嚼上几口、尝点甜头便被一口吐掉，甚至还想踩上一脚。在这样的心态驱使下，大学生的阅读状况也是哀鸿遍野，除了教科书和一些考证用书外，许多人在宝贵的黄金四年中阅读量之低之劣令人咂舌，这种悲凉的景象被中国政法大学法学院副院长何冰记录在了2014年4月14日的微博上：

> 昨天面试研究生。问：教科书之外，你还读了哪些书？十余位考生，鲜能说出五本书的。唯一例外的，是笔试成绩倒数第一的考生。成绩顺数第一的，坦言不读考试之外的书。总体印象，读课外书与考试成绩成反比。这样的教育和考试，不该彻底反思吗？

一句"读课外书与考试成绩成反比"，让人读出了多少沉痛的无奈和彻骨的悲凉。"为什么我们的学校总是培养不出杰出人才？"十年之后，钱学森之问依然像一个幽灵，久久盘旋在中国教育界的上空。在全面深化改革的大背景下，教育领域的改革已经迫在眉睫，否则，我们怎么能指望我们的大学生乃至研究生成为创新

教育之痛：阅读兴趣是如何被扼杀的

型人才，成为未来迈向创新型国家的中坚力量呢？从小学生到大学生，教科书对课外书的完胜成了中国学生阅读生活的一个缩影，这场胜利的背后却隐藏着中国教育的伤痛。

* * *

"不在沉默中爆发，就在沉默中灭亡。"被应试教育反复折磨的学生太需要一个出口，来宣泄他们心中压抑已久的情绪，我们培养出的"德智体美全面发展"的学生要让全社会大吃一惊。近年来，全国各地不断涌现出愈演愈烈的"暴力撕书"现象——每年高考前后，考生们便不约而同地上演这场"壮观"的演出，一如抗战胜利，一如"文革"结束。十二年寒窗的苦累，十二年性灵的压抑，十二年情绪的累积，终在此刻汇流成河、汇河成海，以致惊涛拍岸，浊浪排空！就这样，在中国文化中至高无上的书本，成了这场惨烈的文化暴力运动的牺牲品，也构成了对中国教育最大的讽刺！

渐渐地，大江南北的校园中飘散的"六月飞雪"成了中国教育的一道奇观，面对纷纷飞扬的纸片，民众中理解者有之，斥责者亦有之。不管怎样，我们都不能过多地指责这些可怜的孩子，说到底，他们不过是教育的产物罢了。正如美国行为主义创始人华生（J.B.Watson）的名言："给我一打健康的、发育良好的婴儿和符合我要求的抚育他们的环境，我保证能把他们随便哪一个都训练成为我想要的任何类型的专家——医生、律师、巨商，甚至乞丐和小偷，不论他的才智、嗜好、倾向、能力、秉性以及他的种族如何。"话虽有些极端，但后天教育对人的决定性影响是不言而喻的。如果说公然撕书是一种低素质表现的话，那么我们不禁要问：为什么外国孩子不撕书呢？是因为中国人天生就是撕书癖成瘾的缘

故？抑或是中国孩子的素质天生就比外国人的低？

上述问题的答案显然都是否定的。也许孩子是相同的，无论中外，唯一不同的就是中外的教育方式。可以假设，如若中国教育体制和中国的教育工作者成功地占领了美国，结果是可以想象的，以美帝国主义的残暴蛮横性格，也许就不是撕书那么文雅了，烧书什么的都太懦弱。说不准他们得买来几把手枪，四处乱射一通，以鲜血的飞溅来庆祝自己的新生。这样看来，中国的学生简直就是圣人，中国本来就是礼仪之邦嘛。其实，我真正想问的是：一个教育体制如果能把其中的学生培养成如此愤恨自己，非撕书无以泄其愤、撒其欢，那是要有多大的勇气和多少年持之以恒的坚持？

有时候，寻找一个问题的答案同样需要莫大的勇气。当我在互联网上浏览着一张张"六月飞雪"的照片时，我不由地想到了但丁《神曲·天堂篇》的金句："我看见宇宙四散的书页，都被爱装订了成完美的一册。"我们的情况却正相反，一册册完整的书本，都在仇恨的裹挟之下被撕成了四散的纸页和碎屑。我又联想到杜少陵得知官军收复华北，激动地收拾书卷准备回家，在他的名作《闻官军收河南河北》中写下了"漫卷诗书喜欲狂"的句子。而今，我看到的却是"漫卷撕书喜欲狂"的悲凉景象——孩子们脸上狂喜的表情，竟是以漫天的"六月飞雪"作为残酷的背景，试问人世间还有比这更加荒诞、沉痛的景象吗？！我缓缓滑动手中的鼠标滚轮，发现微博评论区好不热闹，在一大堆叫骂、斥责、辩驳的喧嚣中，我的视线定格在了一条只有九个字的评论上：

哥撕的不是书，是教育。

还有比这更加真实、平静而绝望的表述吗？有人说，以中国人的勤劳、努力和聪慧，也许早就该产生一千个爱迪生，但是我们的

教育之痛：阅读兴趣是如何被扼杀的

教育制度却将他们扼杀于无形之中。如今，中国的各个领域都在经历着前所未有的全面深化改革，但相对而言教育领域的改革还是略显保守和迟缓。

当然，西方的教育也有不少弊端，如果不是爱迪生的母亲坚持认为他的儿子是优秀的人才，人类文明史很有可能被改写。意味深长的是，爱迪生一度被认为是"低能儿"而被逐出学校，母亲带领他进入了书籍和阅读的世界。由此，爱迪生阅读了英国文艺复兴时期剧作家莎士比亚、狄更斯（Charles Dickens）的著作和许多重要的历史书籍，如爱德华·吉本（Edward Gibbon）的《罗马帝国衰亡史》（The History of the Decline and Fall of the Roman Empire）、大卫·休谟（David Hume）的《英国史》（The History of England），他还读过托马斯·潘恩（Thomas Paine）的一些著作，他被书中洋溢的真知灼见所吸引，并一直影响他的一生。

的确，创新需要追求真理的勇气，需要心无旁骛的专注，需要持之以恒的坚持，这都需要一个人从大量的阅读中汲取知识、智慧和精神力量，而这正是我们的教育所欠缺的。而我们的教科书，何时才能走出"六月之后就过气"的怪圈？我们的考试，何时才能拥抱人类的经典作品及其散发的真理和自由气息，而不是跟在教科书后面亦步亦趋呢？

对这些问题的回答，决定了中国教育的未来之路。

 给阅读一点时间

"尸检式"的语文教育

就我所知,在扼杀学生阅读兴趣的诸多因素当中,许多学校"尸检式"的语文教育占据了十分醒目的位置。甚至可以说,许多孩子很大一部分的阅读兴趣,正是在糟糕透顶的语文教育的摧残下逐渐磨灭的。从语文教材到语文教学,从阅读理解到命题作文,语文教育没有培养学生对阅读的热爱,但却教会了他们"假大空";没有孕育他们的想象力和创造力,反而将他们的思想和情感变成了标准化的零件;没有为他们打开自由王国的大门,而是让他们成为了应试教育和标准答案的囚徒。如果说"空谈误国"的话,那么这样的语文教育鲜明地折射出我们的教育已经到了危险的边缘。

近几年来,围绕现行语文教材的争议不绝于耳,从周杰伦歌词入选到古典诗词被删,从教材错误迭出到鲁迅作品淡出,全社会对语文教材的关注度不可谓不高,因为这背后隐含着这样一种判断:语文教材是时代精神的风向标,一篇作品的入选或淡出意味着一个时代的思想品格和审美趣味的微妙变化。与此同时,20世纪30年代初由叶圣陶编写、丰子恺插图的《开明国语课本》在社会上悄然走红,这套被媒体称为"民国老课本"的语文教材在各大图书网站一度卖到断货。很多人不禁要问,80多年过去了,生活方式、语言风格、欣赏趣味等都发生了不小的变化,为什么这样一套陈旧的教材

教育之痛：阅读兴趣是如何被扼杀的

却能在今天卖断货呢？这的确值得人们追问和反思。

毋庸讳言，老教材的走红折射出了当今社会的新问题。对此，丰子恺先生的女儿丰一吟说的一段话耐人寻味："老教材，相见不如怀念。书都出这么多年了，社会也发生了这么多变化，当年的教材肯定已经不适合现在的孩子，如果说还有什么价值，也只能给教材编写者做个参考罢了，也许是现在教材太死板，凡事物极必反。"是啊，翻翻我们现在的某些语文教材，怎一个僵字了得？和倡导原创性、真实性和趣味性的民国老课本相比，作为一种以主流意识为标杆的灌输式教育体系的产物，如今的语文课本充满了人造味儿，给人僵化、死板、枯燥的印象。

具体而言：写人，以各行各业先进人物或工农兵为主；写物，则以青松、石子、小草等为首选。无论是人还是物，其一致特点是：坚强、普通、平凡、顺从、听话、不求索取、默默奉献。更有《海燕》中的燕子，迎接暴风雨，是无产阶级战士的象征；《松树的风格》中的松树，是奉献者的象征；《白杨礼赞》中的杨树，是北方农民和民族的象征……过于浓厚的政治色彩、过于严苛的道德训诫，过于逼仄的想象空间，将我们的孩子压得喘不过气来，让他们磨灭了童真，也丧失了快乐。

对此，教育专家曾指出，现行语文课本存在"四大缺失"，即经典的缺失、儿童视角的缺失、快乐的缺失和事实的缺失。而《开明国语课本》的选文多是自然与人、花鸟鱼虫，乃至猫猫狗狗的题材。例如，选文中的《田里的麦熟了》《一箩麦》《我被缚住了》等篇章几乎构成了一组儿童田园诗，正如叶圣陶先生序言中的话："因为少年时期的学生，正是心性活动的时候，读有兴趣的文章，方足以引人入胜。"

相较于教材中童真和快乐的缺失，更令人气愤的是对文章的肢

给阅读一点时间

解和篡改。翻开如今的语文课本，违反《著作权法》的"不署名"现象随处可见，这为教材编撰者对原作"大展拳脚"提供了舞台。以上海五年级小学语文课本（第一学期）为例，其中某单元名曰"诚信"，然而其中四篇文章无一署名，让人不禁纳闷：如此做法，何来"诚信"？其中一篇名为《我们家的男子汉》的无署名文章，实则为海上著名作家王安忆的作品。通读之后不难发现，与原文相比，课本版删去近半篇幅，使得文章内在的叙事逻辑变得十分单薄，让人看完后不知所云，为何一个小男孩会被作者视为男子汉，很多能佐证的细节都被删除。对此，《收获》杂志编辑部主任、著名作家叶开颇为愤慨地说了这样一段话：

> 这种被改成残疾的文章，再让孩子们去读，有百害无一利。……我有个比喻女儿记得很深，这就好像一个穿戴得非常整齐的漂亮女侍者给你送来了一盘鱼刺，说先生您的菜上来了，而且还命令你必须吃掉。肉都没了，就剩下鱼刺了。

这个鱼刺的妙喻，的确令人印象深刻，叶先生自己也颇为得意。但如果你从一个高中生的口中听到如此妙语，你会有何感受？卓越的教育就是有这样神奇的效果——这件事就发生在中学语文教师郭初阳的课堂上。

和叶开先生一样，杭州越读馆语文教学负责人郭初阳同样痛心于语文篇章的肢解，学习俄国著名作家契诃夫的名作《套中人》时，他把未经删减的原文印了足足两大张纸发给学生，并让学生分组探讨。他引导学生从被删去的人物和细节再度分析主人公性格的形成，并就隐去的性爱等话题进行了深入的讨论。就我读到的该课课堂文字实录的感受而言，其讨论的深度和广度甚至远在如今的某些大学课堂之上，让人感到深深的震撼。在这样一位卓特的教师的

教育之痛：阅读兴趣是如何被扼杀的

引导下，学生的潜能被充分发挥出来了，学生真正成为了课堂的主人。其中，最让我惊讶和感动是柯晓宇同学的那段话：

> 我们可以把这篇文章比喻成一个人，因为契诃夫本身也是一个医生；我们这本教科书的编者，就好像把这个人给解剖了，然后把这个人的肉给剔掉了，剩下了骨头，他就拎出了这篇文章的主体。但是在剔掉肉的同时，这个人的筋也断了——我们小组觉得，这篇文章在删节了之后，就变成了散架的骨头，就没有连起来。然后，因为他删掉的除了一些中学教育中忌讳的，一些和别里科夫无关的人，主要留下来的是别里科夫本身，但是有的时候，因为在一个短篇中，所有的细节、所有的文字都是为它的主题服务的，所以，如果把细节删掉的话，可能它的整体反而就不连贯了。

相信不少读到这段话的朋友会和我一样，轻轻地感叹一句"后生可畏"。应该说，郭先生的学生是幸运的，因为他们有这样一位卓越的老师。但我们大部分的孩子却没有这般幸运，他们被要求把鱼刺吃干净，甚至还要说出鱼刺的滋味，何等荒谬，又何等无奈！渐渐地，吃惯了鱼刺的孩子对于真正的鱼也不感兴趣了，因为他们的味觉系统已经麻木，他们已经分辨不出真实和虚幻的界限了，所以叶开先生喊出了"小学语文教材比三聚氰胺奶粉还要危害深远"这样的警世通言。细而思之，这背后隐藏着一个更大更关键的问题：我们的教育到底是要培养有个性化差异的创造性人才，还是塑造千篇一律的工厂螺丝钉？教育理念无疑起到了决定性的作用。

对此，我们可以从"尸检式"的语文教学中发现更多的答案。大家可以回忆一下，当年上语文课的情景是不是这样：老师先将文章或重点段落念一遍，然后解释一下生僻字词，接着就逐一分析段

给阅读一点时间

落大意，再概括出文章的中心思想，最后指定需要背诵的段落，一堂语文课差不多就结束了。程式化、技术化的语文教学像极了一位验尸官对着一具无名尸体（作品多不署名），仔细地观察尸体特征（分析文体），检测分析死者生前各器官的病变情况（分析字词含义，概括段落大意），并通过科学的推断，得出符合实际的病理学诊断（得出中心思想，给出盖棺定论）。在这种绝对冷静、客观、标准的技术分析下，语文教学中最核心的人文精神荡然无存，没有思想交锋的自由气息，没有情感渗透的内心历程，更没有融会贯通的恬然自得，我们和母语之间的血肉联系就在这恐怖的尸检仪式中被无情地割断了。

更可怕的是，在这套标准化的流水线上生产了一种唯一的思维模式，用伪神圣、假崇高的观点去看待"高尚""健康""先进""有意义"等人文价值，让师生的语言远离真实的人生和鲜活的生命，而自由的思想也被定于一尊，所谓的"标准答案"也就呼之欲出了。著名作家周国平曾写过一篇文章，题为《人的高贵在于灵魂》。有一次，他一位朋友的女儿把语文试卷拿给他做，因为其中一篇现代文阅读就是他写的，结果他做完后按照标准答案打分只有69分，还不如那个小女孩分数高。对此，周国平大呼荒唐，并直言："自己写作的时候，根本没有什么主题思想、段落大意的东西，即便自己有一个想法，能作为标准答案吗？"

无独有偶，作家叶开也讲过一个亲身经历的故事。除却作家和编审的身份，他还有另一个更普通的身份———一个女儿的父亲，正是这个身份让他对语文教育投注了更多的精力。有一次，女儿学到三年级第七单元48课《智烧敌舰》时，遇到一个问题：三国里谁最有智慧？女儿刚看过《三国演义》彩图本，觉得答案应该是"孔明和庞统"。叶开在一旁看了，颇为开心，觉得孩子是真看明白了。

教育之痛：阅读兴趣是如何被扼杀的

不料次日老师批改此题时，给了女儿一个大红叉，因为标准答案是：诸葛亮。囿于标准答案的窠臼，语文教师再次扮演了自由思想刽子手的角色。

因此，不管买没买所谓的"学区房"，可怜的家长都很难指望语文教师能谈出佛道思想对苏东坡后期诗文的影响，叔本华哲学和托尔斯泰小说的关系，鲁迅《故事新编》中的庄严和荒诞……更别说契诃夫小说中被删除的性爱段落了。进而言之，这当然不能全怪语文教师，因为他们也是社会培养的产物。许多语文老师认为标准答案就是悬在他们头顶的达摩克里斯之剑，任何的别出心裁或自出机杼都是错误的。在这样一种僵化而教条的理念指引下，学生的创造力和想象力遭受灭顶之灾，而对阅读的兴趣自然也是每况愈下，逐渐消磨殆尽了。

* * *

对于语文教育而言，上述这一切戕害最大的自然是"写作"这一重中之重。以2012年的广东高考为例，当年高考满分作文仅有15篇，但零分作文却有1670多篇，作文平均分仅为37.8分。"如今高考的内容跟教材越来越没有直接关系，实际上考试已经在往前走，而日常教学还是固步自封。"深圳语文课改专家、育才中学教师严凌君指出，当前语文教学仍是在"啃教材"，极大地窄化了学生的知识面，"出现一千多篇零分作文，一点也不吃惊"。

细读作文命题，试卷给出的两段材料是历史学家汤因比及居里夫人关于"想要出生在哪个时代"的言论，由考生自拟题目和文体写作。由于题目有一定的发散性，习惯了"尸检式"语文教学的考生许多都感觉无从下笔，甚至有考生由于在作文上纠结了太久，导致前面的阅读题没时间做完。这充分暴露了我们的学生日常阅读积

给阅读一点时间

累的严重不足,以及思维能力的低下。对此深圳新安中学语文老师吴泓直言不讳地指出:"目前中国学生阅读思考的深度和广度不够,好文章太少,大部分文章没有逻辑,老师边改边觉得悲哀。"大部分文章没有逻辑,真是说得太好了,试想学生平时学习的语文课本上都是一些被阉割、遭肢解的不连贯、没逻辑的文章,怎么能指望写出有逻辑的作文来!他们平时在课堂上总是接受分析段落大意、概括中心思想的"尸检式"教育,加之单薄的课外阅读,怎么能指望写出有深度和视野的好文章!

更何况,不少作文命题本身就存在着诸多问题,甚至让人哭笑不得。正如糟糕的阅读趣味必然降低写作水准,而拙劣的作文命题也同样影响着学生的阅读趣味。且看2008年湖南高考作文题:

> "天街小雨润如酥,草色遥看近却无"是唐代诗人韩愈的名句。诗句的意思是说,在滋润如酥的初春细雨中,春草发芽,远远望去,一片淡淡的绿色,可是走进后,却只见到极为稀疏的草芽,绿色反而感觉不到了。诗句的意境是美的,隐含的哲理也很丰富。它使我们领悟到:置身太近,有时反而感觉不到实际存在的东西,要把握某一事物,有时需要跳出这一事物;人对事物的看法与对美的感受同距离是有关系的……其实,生活中的许多事物和现象,都含有这两句诗的意境与哲理,关键在于你的观察与体会。
>
> 请根据自己阅读诗句所体会到的意境与哲理,联系现实生活,写一篇不少于800字的议论文或记叙文。

当你读完这道作文题之后,第一感觉就是"字好多",仿佛考生还没提笔作文,命题者倒已经洋洋洒洒地写上了瘾。第二个感觉就更不好了,因为命题者赤裸裸地宣布"诗句的意境是美的,隐含

教育之痛：阅读兴趣是如何被扼杀的

的哲理也很丰富",要是考生读不出其中的美的意境,或是不认同其中有什么深刻的哲理,那就全完了,又一篇零分作文就要诞生了!而这背后所散发出的僵化、专断气息就更是不言而喻了,正如旅美学者薛涌在《北大批判》一书中所言：

> 无论如何,这至少可以反映出我们的文学是怎么教的：大家的感受全像是一个车床制造的标准化配件。……读中国的古诗,好的实在太多。比如《古诗十九首》中的"生年不满百,常怀千岁忧",比如阮籍的"夜中不能寐,起坐弹鸣琴",比如杜甫的"星垂平野阔,月涌大江流",都比韩愈这首更直接地撞击生命和自然。他虽然观察相当细腻,但写得实在太士大夫气,太精致雕琢,应景的痕迹太明显。后两句"最是一年春好处,绝胜烟柳满皇都",特别体现了被官场驯化的感情。

是啊,韩愈的这首诗即使在他个人的诗集中也属于平庸之作,更遑论置于泱泱《全唐诗》之中了。但是没办法!谁让命题者已经规定了其中的美和哲理呢?你只能顺着他专制的思维往下写。然而,最让人哭笑不得的是最后一段话：请根据自己阅读诗句所体会到的意境与哲理,联系现实生活,写一篇不少于800字的议论文或记叙文。试问,堂堂命题官已经为你体会好了相关的意境和哲理,怎么又让你自己体会呢?这不是自相矛盾吗?这真是得了便宜又卖乖呀!面对这样的命题作文,相信许多人对于所谓的"满分作文"已经毫无期待,这正如孙悟空被唐僧施了紧箍咒,便纵有千般武艺,也无从施展了。

平心而论,近几年来我国各省市高考作文命题出现了可喜的进步,无论是视野、思想性还是自由度,但学生乏力的表现一次次地证明了如今语文教育的落后和失败。曾有语文教育工作者指出：

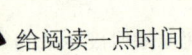

给阅读一点时间

"有什么样的考试,就反映出什么样的公共文化,国外一些高考作文题,命题大都十分深刻,需要具备大量文史知识和思辨能力,中国学生根本适应不了。"如果我们再来看看国外的高考作文命题,方才知晓我们现在自诩进步的命题还是相对容易的。且看2014年法国高考作文题(三题任选其一):

文科学生(Série L):

1. "Les oeuvres éduquent-elles notre perception?" 艺术作品能否锻炼我们的感知能力?

2. "Doit-on tout faire pour être heureux?" 为了幸福该不遗余力吗?

3. Le commentaire de texte porte sur un extrait de La connaissance objective de Karl Popper. 针对引自卡尔·波普尔著作《客观知识:一个进化论的研究》的文章节选进行评述。

理科学生(Série S):

1. "L'artiste est-il maître de son oeuvre?" 艺术家做的了其作品的主吗?

2. "Vivons-nous pour être heureux?" 我们是否为了幸福而生活?

3. Réfléchir sur un texte de Descartes, tiré de Règles pour la direction de l'esprit. 针对从笛卡尔著作《指导哲理之原则》中节选的文章进行思考,并做出解读。

社会经济类学生(Série ES):

1. "Suffit-il d'avoir le choix pour être libre?" 有选择自由的权利就够了吗?

2. "ourquoi chercher à se conna?tre soi-même?" 为何要

教育之痛：阅读兴趣是如何被扼杀的

追寻自我认知？

3. le commentaire de texte porte sur un extrait de Condition de l'Homme moderne d'Hannah Arendt. 针对引自汉娜·阿伦特著作《人的境况》的文章节选进行评述。

我敢保证，要是你从来没有见过法国高考作文的真容，除了震撼一时半会儿还不会有其他的感觉。我们不是很早以前就有高中文理分科了吗？怎么从来没想到高考作文命题的分类指导呢？再来看更加令人震撼的命题内容，随便哪一个题目都远比"想要出生在哪个时代"这类主题的作文难写好多倍，因为考生得具备相当的知识储备和思辨能力，我敢说，这样的题目甚至连我们的研究生都会产生望洋兴叹之感！何况是高中生！而且我们的课堂——无论是语文课堂还是哲学课堂——从来不会讨论诸如"艺术作品能否锻炼我们的感知能力""我们是否为了幸福而生活"或"有选择自由的权利就够了吗"这样的主题，它们似乎离我们的思想太遥远了，或许我们还会来一句"法国人真是太浪漫了"。

更不可思议的是，法国的高中生甚至还被要求阅读诸如波普尔（Karl Popper）、笛卡尔（Rene Descartes）、阿伦特（Hannah Arendt）等理论与哲学大师的原著，否则如何对其中的片段进行评论呢？这对于中国的高中生而言显然是天方夜谭了。试想，我们的学生学了那么多年的马克思主义哲学，却连《1844年经济学哲学手稿》都没有读过，更遑论其他领域的经典名著了。看到这样的作文题，我终于有点理解为什么有人会说"中国的研究生还不如国外的高中生"这样的论断了。2014年，法国人莫迪亚诺（Patrick Modiano）和梯若尔（Jean Tirole）分别获得诺贝尔文学奖和经济学奖，这个只有六千多万人口的国家再次向世界展现了良好的教育对

给阅读一点时间

创新和创造的推动力量。

2014年美国高考（SAT）作文命题（亚太区）比法国要容易一些，但也绝不简单。题目如下：

> Are people who stay in the same community happier than those who move from one place to another?

大致意思是问：一个人是在"单一"社区生活快乐，还是不断改变所生活的社区快乐？这道作文题不是让考生去讨论"单一"和"变化"，而是个人"能否"融入"所生活的社区"，产生一种文化上的融入感和归属感。对于中国的考生而言，这样的命题显然又超出了他们的"预备作文库"（许多中国考生都通过背诵范文来应付语文作文）。从生活经验来说，如果没有多个社区的生活经历，就更难以下笔了。只有拥有丰富知识储备和生活阅历，且具有良好思辨能力的考生，才能写出个人与社区的所暗含的深刻关系，以及文化归属感对于快乐的重要性。

或许有人会说，外国的学生普遍早熟，所以写作这样的作文相对容易。其实，真实的情况是：由于我们的学生一向被认为过于幼稚和无知，似乎任何有深度、有内涵的谈论都有可能引向危险的境地，所以进行知识的灌输是最安全的。即使是今天，我们中的许多人依然会对郭初阳在课堂上长篇讨论"性爱"的话题而瞠目结舌，却对互联网上铺天盖地的相关内容视若无睹（要知道许多学生每天上网的时间甚至比在课堂上的时间更多）。其实，堵还是疏，灌输还是研讨，创新思维还是标准答案，在很大程度上决定了教育的成色和品质。

教育之痛：阅读兴趣是如何被扼杀的

Captain，My captain！

　　2014年8月11日，被美国总统奥巴马誉为"独一无二"的著名喜剧电影导演、演员罗宾·威廉姆斯（Robin Williams）因抑郁症上吊自杀，年仅63岁便匆匆辞世，让无数的全球影迷扼腕叹息。对我而言，罗宾的离去意味着可敬的"船长"走了，因为他主演的电影《死亡诗社》（*Dead Poet Society*，又名《春风化雨》）是我看过的最感怀动容、刻骨铭心的影片之一。记得十多年前在大学宿舍中看完最后一个镜头时，不觉已泪流满面，一句"Captain，My Captain"成为我最难忘的电影台词之一，它是如此的简洁，又如此的有力，将一个教师所能获得的最高礼赞展现得淋漓尽致。

　　之后若干年中，我又多次重温过这部教育经典，包括在课堂上为研究生新生放映并开展系列研讨，当时热烈的讨论场面至今仍记忆犹新。近些年，我从不少朋友口中了解到，罗宾饰演的约翰·基廷（John Keating）这一教师角色也是他们心中最经典的荧幕形象之一。二十多年过去了，这部影片依然被人们不时地谈论、推崇乃至激赏，让我这个教育工作者觉得"吾道不孤"，也让我对影片、对教育有了更多更深的思考和感悟。

　　作为全球科技和经济执牛耳者，美国的超级大国地位似乎很难动摇，而这背后的原因也显而易见，美国在教育领域的全球霸主地

给阅读一点时间

位难以被撼动。据美国著名的学校评估专业媒体《美国新闻与世界报道》（*U.S.News*）给出的2015年全球大学排名，进入前100位的美国大学有50所，占据半壁江山，其中前20位的美国大学多达16所，占到了骇人的80%！但许多人只看到了这些漂亮的数据，却不曾了解，美国教育是在不断的争论、激辩、反思乃至矛盾冲突中，才慢慢走到了如今这样辉煌的境地。

诞生于20世纪80年代末的这部《死亡诗社》，正是美国人对自身教育深刻反思的杰作，前几年印度出品的《三傻大闹宝莱坞》(*3 Idiots*)就是对这部经典影片的致敬。换言之，如果美国的教育缺少了这种批判性的思维和视角，变得循规蹈矩、按部就班的话，那超级大国地位就十分岌岌可危了。因为美国人深知：批判性思维是创造力和创新的源泉。

在我看来，《死亡诗社》这部影片的本质就是探讨了美国的两种教育哲学的冲突——守旧与创新、现实和浪漫，以及对教育领域自由、个性和批判性思维的呼唤。片中的威尔顿预科学院是一所寄宿制的美国顶尖私立高中，一向以传统、守旧的方法来教育学生。威尔顿的校训是传统（Tradition）、荣誉（Honor）、纪律（Discipline）、卓越（Excellence），缩写为THDE。开学典礼上，校长诺兰先生强调，学生成功的关键就取决于这四大支柱。但学生们不喜欢也不尊重校训。私下里，孩子们讽刺THDE为嘲弄（Travesty）、恐怖（Horror）、颓废（Decadence）和粪便（Excrement）。事实上，威尔顿的校训的确值得嘲笑和批判，因为恪守传统意味着否定创新，任何的改变都有可能被视为异端思想而加以否定。荣誉非关学生的内在品质，如正义、诚实、勇气等，而是学校的外在声誉。纪律则是确保他们沿着传统的路径前行的制度保障，有了纪律这个法宝，一切个性和创造力就可以扼杀于无

教育之痛：阅读兴趣是如何被扼杀的

形。至于卓越，只是传统和外部认可的高标准的成就，一元化的标准与一个个鲜活、富于个性的年轻生命格格不入。正如爱默生所言，经常打破现有的规则和模式的才是真正的卓越和天才，而不是对传统的忠实。在某种意义上，威尔顿鼓励的是平庸，而非卓越。

　　上述的境况，似乎不是人们印象中美国私立高中应有的教育。但是，这样的教育在美国的确存在过不短的时间，如果你回到20世纪50年代，或者更早，去看看19世纪上半叶的美国高中课堂，你会惊讶地发现：全体学生认真地坐在大厅里听着校长的报告，脸上毫无生气；学生不会挑战权威；父亲要孩子放弃自己的兴趣……曾几何时，威尔顿私立高中所发生的一幕幕在美国课堂是如此的寻常和普遍，因为保守主义和实用主义的传统教育哲学也曾在美国大行其道，美国人也一度将传统、荣誉、纪律、卓越等作为教育信仰，被这样的教条束缚的美国学生也曾心胸狭窄、目光短浅，缺乏创造力和批判性思维。而以John Keating为代表的自由主义和浪漫主义教育哲学则试图打破这种束缚人心的力量，他通过分饰莎士比亚戏剧中的不同角色来改变学生心中枯燥的莎剧刻板印象，让学生站上讲台来感受从不同的角度看待世界的新奇性和重要性，并深情吟诵梭罗的诗句启发学生思考人生的意义：

　　　　我步入丛林，
　　　　因为我希望活得有意义。
　　　　我希望活得深刻，
　　　　汲取生命所有的精髓！
　　　　把非生命的一切全都击溃，
　　　　以免在我生命终结时，
　　　　发现自己从来没有活过。

给阅读一点时间

对于传统教育哲学的卫道士而言，John Keating更加离经叛道的举动是要求学生撕掉老套教材中那篇由Evans Pritchard博士所写的权威导论，并大声疾呼"这是一场战争，其结果关系到你的心智和灵魂"，他要求学生独立思考，学会品尝语言和文字，而不是教条地通过两个维度的指标来判断一首诗的优劣。对于应试教育和标准答案早已习惯甚至麻木的中国学生而言，看到这一段想必会有心惊肉跳的感觉。想想真是颇有意思，他们的撕书发生在课堂教学的思想激辩中，我们的撕书却是在高考前后的撒欢泄愤间。如果美国的学生看到我们"六月飞雪"的情景，估计就不只是心惊肉跳，简直就是目瞪口呆、面面相觑了。相比于他们的教育批判片，我们已经接近惊悚恐怖片了。

作为一个追求个人成功的国度，功利主义在美国也十分普遍，关键在于老师如何引导。对于学习只为能考上名校商学院或医学院的现象，我们的"船长"让这些未经启蒙的年轻人围拢过来，小声说出了一个重要的秘密：

> 我们读诗、写诗并不是因为它们好玩，而是因为我们是人类的一分子，而人类是充满激情的。没错，医学、法律、商业、工程，这些都是崇高的追求，足以支撑人的一生。但诗歌、美丽、浪漫、爱情，这些才是我们活着的意义。

在我看来，这段台词可以视作整部影片的注解。人之所以是人，是因为他们充满激情——创造的激情、审美的激情、浪漫的激情、爱的激情……而令许多人趋之若鹜的医学、法律、商业和工程作为支撑社会和人生的东西，只是理性的产物罢了。事实上，John Keating这段话的潜台词是：在理性主导一切的时代，高扬人类非理性的价值——意志、情感、直觉等，并通过诗歌这一绝佳形式，来

教育之痛：阅读兴趣是如何被扼杀的

恢复学生非理性层面的意识和能力，并鼓励他们遵循内心的声音，去找寻自己内心的生命激情，以此来确立自己的人生。

正是在这个意义上，他与传统教育哲学彻底分道扬镳了，他要培养独立思考、具有批判性思维的学生，希望他们的个性得到充分发展，创造潜能被大大激发，而又追求真善美，充满着生命的激情。人类社会的进步，通常就是由这样一群人来推动的。这让我想起了萧伯纳（G.B.Shaw）那句极具讽刺意味的名言：

> 理性的人让自己适应社会，非理性的人总是坚持让社会适应自己，所以所有的进步都得靠这些非理性的人。

当然，这样一群非理性的天才总是少数，关键在于遵循自己的个性。作为一位文学老师，John Keating令人激赏之处还在于通过多样化的教育形式来开启学生的心智，包括朗诵、表演、足球甚至是散步。其中，中庭散步这一桥段绝对是影片的神来之笔，他从每个人走路的步伐、步调和方向，来告诉学生一致性固然重要，因为人作为社会性的存在，总是希望被他人接纳，但更重要的是自己的独特性，每个人都是独一无二的。事实上，只有最好的教育才能把这种个体的独特性奇迹性地保存下来。因为学校作为一个组织，对一致性的要求总是更为看重。但我们总是期盼着这样的奇迹的发生。散步过程中，Keating了无痕迹地吟诵了美国桂冠诗人弗罗斯特（Robert Frost）的诗作《未选择的路》（*The Road Not Taken*）片段，鼓励学生敢于走自己的路：

> 林中两路分，一路人迹稀。我独选此路，境遇乃相异。

由此我联想到古希腊由亚里士多德创立的"漫步学派"——认为漫步和哲学有某种联系。事实上，从漫步中确实可以领受到人生

给阅读一点时间

的哲理、灵感的照临，因为人生究其本质就是一段旅程。当然，人生的道路远不止一个分岔口，每个岔口也可能不止两个分岔，尤其是在纷纭扰攘、物欲横流的现代社会，但一个受过良好教育的人应该拥有选择的智慧。由此可见，一个卓越的人生导师是何等重要，因为他不只是术业的传授者，更是人生的领航人，正如韩愈的名言"师者，传道授业解惑也"。是的，好的教育犹如春风化雨，致力于培养学生热爱阅读的习惯、独立思考的能力、敢于挑战权威的勇气，让学生活出真正的自我，并引导他们的个性实现充分发展。

* * *

只可惜，如此优秀的老师总是可遇不可求。我们的中小学课堂依然高悬着应试教育的指挥棒，过于机械和呆板的毛病依旧存在，老师也就自然将考试和分数视为唯一。什么独立思考，或批判性思维，在标准答案的面前顿时灰飞烟灭。更遗憾的是我们的大学，国内不少高等院校的教育模式更像是专业或职业培训机构，而不像大学——一个相互探讨学习、探究普遍真理的场所（尽管近年来无数的学院纷纷更名为大学）。对于这一点，只要随便找个本科生，问问他读过哪些经典著作就知道了。我们的很多本科生连《红楼梦》或《理想国》都没看过，更别说对个中思想或文化的独立思考了，他们既对中华民族的优秀传统文化了解不多，又对西方的思想文化知之甚少，四年下来自己也说不出到底学到了什么。更可怜的是研究生，他们成天喊自己的导师为"老板"，俨然一个苦命的打工仔，在经历了十多年的应试教育之后，在这个最需要创造力和批判性思维的阶段却已彻底哑火，这当然主要归咎于研究生导师，因为我们的学生是整个教育链连续培养的产物。对于许多学生而言，个人的想象力和创造力在这一过程中走了一条斜率为负的曲线。

教育之痛：阅读兴趣是如何被扼杀的

当然，老师不需要负全责，不等于不需要承担任何责任。事实上，如今许多教师的言行实在突破了底线，令人咂舌。例如，国内某著名师范大学一教授曾公然对学生这样要求："当你40岁时，没有4000万元身价不要来见我，也别说是我学生。"此言一出，立刻引来舆论的一片哗然。但平心而论，这种金钱至上的教育价值观在如今的高校大有市场，这在相当程度上折射出教育功利化不断向纵深发展的危险之境。我们不禁要问：金钱作为教育的尺度，是谁的悲哀？

就在"四千万教授"发表这一"高论"的三天之后，《扬子晚报》刊出了这样一则报道：说的是南京师范大学附中高三17岁女生芮雪被哈佛大学录取一事。报道说，芮雪不但是一个自学能力很强的好学生，而且是一个心胸开阔、责任心很强的学生。她被哈佛大学录取后，为了把名额留给更需要的人主动放弃申请助学金。芮雪说："我曾读过一个常青藤大学教授对毕业学生说的话，大体意思是：'今后的五年之内，你们中的大多数人可以获得六位数的年薪。但是如果这就是你们想要的，你们就是浪费了大学对你们的教育！'这就是为什么很多名牌大学毕业的学生不是西装革履地在名牌大公司工作，而是自己贴钱到穷困的第三世界国家去做志愿者：'这里面反映出一种强烈的社会责任感，而这样的社会责任感来自教育。'"

两篇文字，谈论的是同一话题，且都出自国家一流大学的教授，却是两种截然不同的教育观。美国大学的教授教育自己的学生，如果你毕业后仅看重获得六位数的年薪，就是浪费了大学对你们的教育；中国的教授却教育自己的学生，如果你成不了富翁，就意味着耻辱和失败。这个对比真是太鲜明了！不同的教育观，必然教育出不同价值观的学生。我真的很怀疑，我们国家之所以出现那

给阅读一点时间

么多的贪官和奸商,是否就是因为我们有很多像那样的教授?我更怀疑,在那样的教授教育下,像芮雪这样欣赏为人民服务,注重社会责任感的孩子进入大学,他们美好的心灵是不是也会被这样的教授腐蚀和污染了呢?

颇具讽刺意味的是,作为我国著名的师范类院校,承担着为祖国培养最优秀教师的重任,却出了这样一位"四千万教授",如何对得起启功先生所提的"学为人师,行为世范"八个大字?更让人担心的是,在如今的中国,以金钱作为教育尺度的远不只一人,不少教师都是这样,只不过上文中那"四千万教授"表达得太极端,太引人注目而已,更多的则是那种隐性的功利化教育。著名学者钱理群先生就曾尖锐地指出:"我们的一些大学,包括北京大学,正在培养一些'精致的利己主义者',他们高智商,世俗,老到,善于表演,懂得配合,更善于利用体制达到自己的目的。这种人一旦掌握权力,比一般的贪官污吏危害更大。"长此以往,就有可能造成价值观的群体性塌方,这对我国教育事业的负面影响是极大的。

哀莫大于心死,教育事业只有在不断地质疑、批判、反省和变革中,才能实现螺旋式的上升。相较于中国教育领域林林总总、层出不穷的问题,我们的教育界还是显得有些安静了。如果说我国的全面深化改革事业已经到了需要涉险滩、啃硬骨头的阶段,我们的教育事业改革的步伐无疑需要加快。毋庸讳言,我们还缺乏质疑的勇气、反思的识见和改革的魄力,全社会对教育改革还缺乏统一的认识,我们的文艺领域也贡献不出像《死亡诗社》《三傻大闹宝莱坞》这样的优秀教育影片,甚至在出版领域也乏善可陈。近年来,除了《北大批判:中国高等教育有病》《我不原谅:一个90后对中国教育的批评与反思》《吾国教育病理》等寥寥几本之外,反思中国教育的力作还很匮乏。

教育之痛：阅读兴趣是如何被扼杀的

在《新京报》近两年列出的两百多种好书入围书单中，教育领域的好书只有21种，其中10种为国外翻译引进著作，直面和反思中国教育现状的只有陈平原的《大学小言：我眼中的北大与港中大》、郭初阳的《一个独立教师的语文之旅》以及邓康延、梁罗兴合著的《盗火者：中国教育革命静悄悄》《推动自己，就是推动教育》等区区几种，对于一个拥有十几亿人口的大国而言，这个数量实在是太少了。或许当整个社会都在向钱看的时候，最重要的教育和教改问题反而被忽视了。果真如此吗？至少家长们肯定不会同意，他们平时谈论最多的就是育儿经、辅导班和学区房，但如果你问一下他们对于教材的看法、网络公开课的意见或家庭阅读的情况，他们可能就含糊其辞，没那么头头是道了。就教育的本质而言，这实在是一种本末倒置。

爱因斯坦曾给教育下过一个绝妙的定义：所谓教育，就是学过的东西全部遗忘之后所剩余的东西。爱翁揭示了教育中关于"学"的本质，令人拍案叫绝。如果说完整的教育包含"教"与"学"两个部分的话，那么我想为爱翁的这个定义加上一个前提，因此我对教育的定义如下：所谓教育，就是对像 John Keating 那样卓越的人生导师的苦苦期盼、等待和尊重。有了这样的老师，学生所学自然就融化到血液和骨髓当中，一任遗忘蔓延。

5 国民阅读的余思

> 一个人的精神发育史,应该是一个人的阅读史;而一个民族的精神境界,在很大程度上取决于全民族的阅读水平;一个社会到底是向上提升还是向下沉沦,就看阅读能植根多深;一个国家谁在看书,看哪些书,就决定了这个国家的未来。
>
> ——无名氏

5 思想政治教育与名人

国民阅读的余思

俄罗斯：一个国民阅读的经典样本

19世纪俄罗斯诗人丘切特曾说过："用理性不能了解俄罗斯，用一般的标准无法衡量它，在它那里存在着特殊的东西。"窃以为，这个特殊的东西正是所谓的"俄罗斯精神"，若要追问这种精神源自何处，或许答案便是俄罗斯人对阅读的狂热——对一种真正的精神生活的执著与渴求，人类历史上大概只有德意志和犹太民族可近之。

故事要从250多年前讲起。1762年，一个名叫索菲亚·弗雷德里卡（Sophie A. Fredericka）的德国女人实现了由俄国皇后向女皇的华丽转身，世人更熟悉她的另一个称谓：叶卡捷琳娜二世（Catherine II）。正是在她的统治下，俄罗斯瓜分了波兰，侵占了土耳其，击败了瑞典，实现了彼得大帝都未能完成的伟业，并将俄罗斯的领土扩展了三倍。她曾豪情万丈地说："假如我能够活到两百岁，全欧洲都将匍匐在我的脚下！"外在的功业总是显而易见的，而叶氏开启的另一场关乎思想和文化的革命，或许对俄罗斯民族的未来有着更为深远的影响。

"无时没有痛苦，无时没有耻辱，无时没有书本。"初来俄国时，叶卡捷琳娜二世这样形容自己的生活。作为一位德国公主，她初嫁俄国时，语言不通，没有朋友，陪伴她的只有书籍。为了

179

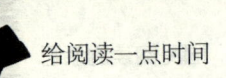
给阅读一点时间

尽快融入俄国,她每天苦学俄语,有时一天要学十个小时。冬天,为了不让自己睡着,她居然光着脚踩在冰凉的地板上阅读,为此她患上了肺炎。但疾病也不能减损她对阅读的热爱,病中的她仍然如饥似渴地阅读伏尔泰(Voltaire)、孟德斯鸠(Baron de Montesquieu)、卢梭(Jean-Jacques Rousseau)等启蒙思想家的作品,甚至在青少年时期就写下了自己的哲学随笔——《一个十五岁哲学家的自画像》。拥有深厚哲学和人文修养的她一直与伏尔泰保持通信,与之探讨各类学术问题。与世界首屈一指的思想家终生的交流,使她的思想达到了那个时代顶尖的高度。

与时俱进的叶氏从欧洲引进了大批启蒙思想家的作品,并大力发展新闻和出版事业,各种学术团体如雨后春笋般出现……继而,她彻底解放了俄国贵族,促成了俄国历史上最早的贵族知识分子群体的萌芽,从而揭开了俄国思想界黄金时代的序幕,以至于后人把俄国文学称为"世界文学史上的青藏高原"。在这位热爱阅读和思考的女皇的引领下,俄罗斯民族的文明程度大幅度提升。叶卡捷琳娜二世之前的沙皇出访欧洲时,由于缺乏文化素养,被欧洲贵族视为野蛮人。举止优雅、谈吐不俗的叶卡捷琳娜二世,一举改变了欧洲对俄国的固有印象。无怪乎启蒙思想大师伏尔泰形容她为"欧洲上空最耀眼的明星"。

德国诗人歌德(J.W.von Goethe)曾说:"永恒的女性,引领我们上升。"或许叶卡捷琳娜二世就是这样一位不朽的女性,她深邃、傲岸的目光穿过浩瀚的波罗的海,看到的不仅是世界版图和疆域的辽阔,也洞察到了人类思想的丰富与深刻。人民大众是历史进程的主宰,但历史的转折点却往往是因为伟大的个体。

是的,俄罗斯民族对阅读和思想的狂热,很大程度上就源自叶氏的这场革命。在此之后,以赫尔岑(Alexander Herzen)、别

国民阅读的余思

林斯基(V.G.Belinskiy)、车尔尼雪夫斯基(N.G.Chernyshevsky)为代表的俄罗斯哲学,以亚历山大·普希金(A.S.Pushkin)、列夫·托尔斯泰(Leo.N.Tolstoy)、陀思妥耶夫斯基(Fyodor.M.Dostoevsky)、契诃夫(Anton Chekhov)为代表的俄罗斯文学,以格林卡(Mikhail Glinka)、柴可夫斯基(P.L.Tchaikovsky)、拉赫玛尼诺夫(S.V.Rachmaninoff)为代表的俄罗斯音乐,以及绘画、建筑、电影等领域涌现的一大批大师和经典作品,不断将俄罗斯民族推向欧洲乃至人类思想、艺术的巅峰,从此再也没有人敢小看这个民族了。

19世纪下半叶,俄罗斯文学巨匠高尔基(Maksim Gorky)多次表达了他对于阅读和书籍的热爱,可以视为俄国人阅读情结的最佳概括。一次,高氏感性地喊道:"我扑在书上,就像饥饿的人扑在面包上!"另一次,他又理性地写道:"书籍是人类进步的阶梯。"事实上,我们对于这两句烂熟于胸的格言已经近乎麻木,但当我们了解了这段不寻常的历史之后,我们就有了重新审视和忖度它们的崭新视角。正是因为将阅读和书籍视作生命,伟大的俄罗斯民族才拥有了伟岸的精神、强大的内心,一次次地从战争和苦难的深渊中走出,深度诠释了生命的高贵和人性的尊严,令全世界心存敬畏而又肃然起敬。

1941年至1943年,苏联第二大城市列宁格勒(Leningrad,即今天圣彼得堡)被德军围困长达872天,平均每天饿死冻死700多人。令人动容和敬佩的是,在这些朝不保夕的日日夜夜,列宁格勒市图书馆竟然每天照常开放,大量食不果腹、骨瘦如柴的市民依然阅读不止,孜孜于汲取精神食粮;而一位建筑师在查阅资料时两眼昏花,几乎饿死在椅子上,为的是设计一座迎接苏军胜利的凯旋门……高雅的阅读爱好,高洁的爱国情怀,高远的理想追求,成为

给阅读一点时间

列宁格勒人威武不屈、誓死卫国的精神支柱，也书写了人类阅读史上悲壮惨烈的不朽一页。

1995年，联合国教科文组织宣布将西班牙著名作家塞万提斯和英国著名作家莎士比亚的辞世纪念日——4月23日定为"世界读书日"（The World Reading Day by UNESCO），希望散落在世界各地的人们都能享受阅读的乐趣，都能尊重和感谢为人类文明作出过巨大贡献的文学、科学、思想大师。对于俄罗斯人而言，4月23日只是平凡的一天，因为每天都是读书日，俄罗斯人读书永远是现在进行时，已经毫无间断地持续了一两个世纪。有统计显示，1.4亿俄罗斯人的私人藏书就有200亿册，每个家庭平均藏书近300册，甚至不少家庭都有小型图书馆。这种对书籍的热爱正应了俄国思想家赫尔岑的名言："书籍是最有耐心最能忍耐和最令人愉快的伙伴。在任何艰难困苦的时刻，它都不会抛弃你。"

正如痴迷伏特加酒一样，俄罗斯人痴迷读书已经举世闻名。莫斯科的地铁，仿佛就是一个流动的阅览室。不论男女老少，大多数乘客都在聚精会神地读书看报，即使在颠簸昏暗的车厢里，他们也目不转睛地看着书。上下班高峰期，地铁里突然拥挤起来，他们也一手抓住扶手，一手擎着书报照看不误。其实，不仅地铁如此，在机场、车站、码头、咖啡馆、公园里，随处可见潜心读书的俄罗斯人。更令人击节赞叹的是，司机会趁堵车间隙拿出书看上几行，商场摊位老板会在没有顾客时捧起书读上几页，甚至在进出地铁的电梯上，也仍然有人手不释卷……这是真正意义上的全民阅读，一种似乎可望而不可即的民族境界。因此，俄罗斯一度傲居"世界最爱阅读国度"榜首。

长期沐浴在经典书籍和高雅艺术中，铸就了俄罗斯公民极高的综合素质和文化修养。成千上万人的大市场，竟然寂静无声，悄然

国民阅读的余思

如教堂；偌大的公共场所，绝无一人吸烟；商店数百人的排队长龙寂然无声，而且绝对无人违反秩序。特别是乘公共汽车，即使人多得像电影院刚散场，大家也是步履缓缓，无声地谦让。上车之后大家全都往里走，车厢里无论多么拥挤，门口也会让出宽松的空间，使到站的乘客下车方便。即便在最清苦的日子里，俄罗斯民众也懂得给自己的生活留下书籍、音乐、绘画等精神空间，他们会省下钱来，买一把玫瑰，走进图书馆、博物馆或音乐厅，虽然比不上二战期间前苏联人民阅读不止的悲壮和崇高，但其间渗透着的精神动力是一以贯之的。

在俄罗斯圣彼得堡的冬宫里有一座小型图书馆，里面存放着3.8万多本书，这些书的主人不是别人，正是叶卡捷琳娜二世。一个德意志女人彻底改变了俄罗斯民族的精神面貌，热爱阅读的火种从此传承有序，从她的3.8万本私人藏书到俄罗斯民间200亿本私人藏书，我们看到了一个伟大民族对知识和文化的执著追求，对思想和艺术的真诚渴望。正是因为根植于深厚的全民阅读的土壤之中，俄罗斯才将人类的文学、艺术、科学、思想推向了一个全新的高度，汇聚成"俄罗斯精神"的缩影。

* * *

千禧年以降，随着俄罗斯社会文化变革进程的加快，以及电视文化和网络文化的强势崛起，社会中弥漫的泛娱乐化倾向日益明显。2005年12月，全俄社会舆论研究中心和普希金图书馆对俄罗斯读书现状的调查结果显示：一半以上的俄罗斯人没有买书，37%的人从不读书。购书者中超过1/3的人买书3～5册，1/5的人购书6～10册，只有不到15%的积极阅读者购书超过11本（大约每月1本），俄罗斯人对于书籍的狂热似乎已大为减弱。最令人感到意外

给阅读一点时间

的是，79%的俄罗斯人不使用图书馆，由于资金短缺、配套设施落后，那些即使在战争中仍为国民不离不弃的图书馆，如今已不再是俄罗斯人阅读的主要场所。俄罗斯中小学生的阅读质量在32个追踪国中仅仅排在第28位……所有的指标几乎都指向了同一个结论：如今的俄罗斯正在经历一场深刻的全民阅读危机。

2008年9月，俄罗斯列瓦达分析中心根据俄罗斯出版与大众传媒署的委托，对俄罗斯国民阅读情况进行了调查，调研对象是各地区127个居民点选取的2000个成年人。报告分析指出，与2000年国民较高的阅读需求相比，当今俄罗斯大众阅读情况发生了明显变化，出版社的数量、年出书品种、印数和销售数量均发生了巨大变化。最近15年里，报刊和图书的阅读人群急剧减少。接受调查的成年人中，55%不买书，46%根本不看书。

与此同时，人们的阅读内容也发生了很大变化：包括具有高等教育学历的中年人和成年人在内的绝大部分居民转向阅读系列的"快餐"图书（如侦探小说、爱情文学、惊险小说、历史探险小说或历史爱国主义小说），甚至超过半数的人无法说出近年来对他们影响最大的书名或作者姓名，这对于极力证明自己大国形象的俄罗斯不啻为一种嘲弄，因为文化软实力已经越来越成为大国地位和形象的重要标志。

这项备受瞩目的调查还发现了另一个明显的转变，那就是俄罗斯公民将闲暇时光从读书转向看电视——平日每天3～4小时，节假日5～6小时，读书逐渐成为看电视的补充。在杂志当中，封面和内文色彩鲜艳亮丽的"女性"杂志和与电视有关的杂志（包括介绍电视节目）最受欢迎；而在报纸中，大众周报，主要是地方报纸（资讯类、娱乐类）最受欢迎。从这些数据中我们不难发现，俄罗斯最近十多年的阅读文化逐渐变得越来越娱乐化、视觉化和女性化，那

国民阅读的余思

种举国沉浸于俄罗斯经典文学的盛景似乎已经一去不复返。

列瓦达分析中心经过多年调查研究发现，这种深刻的阅读文化危机部分源于俄罗斯社会文化的结构变化。如今的俄罗斯与20世纪90年代的后苏联时期、"改革"和体制转型时期相比，正在形成一定意义上的"另类"社会。它的"另类"表现在人们的交流结构、交流紧迫性、交流内容等方面。对这样的社会而言，其主要特征是除了国家元首，社会公认的权威极度缺乏。在被调查者中，只有少数人才能说出过去一个世纪俄罗斯最有影响的几位作家的名字。被大家提及的前几名作家有叶赛宁（Sergi.A. Yecenin）、刚去世不久的索尔仁尼琴（A.Solzhenitsyn）等。

2014年，俄罗斯总统普京在全国文学会议上清醒地指出："（国民阅读的）主要问题、总体担心是当前对读书的兴趣下降，特别在年轻人中。我们国家曾经是世界上读书最多的国家，现在已经无法竞争这个荣誉称号。据统计，俄罗斯公民用于阅读的时间每昼夜平均只有9分钟，而且，存在着这9分钟还在减少的趋势。书籍在生活中不再发挥重要作用，这造成整个社会文化水平下降、价值观错位和扭曲。"对于这种令人担忧的变化背后的原因，普京补充道："出现这种情况被认为是数字技术蓬勃发展的结果，以及书籍丧失自己作为主要信息和知识载体的地位。以前人们在书中找到了自己感兴趣问题的答案，而现在存在着其他可能性。……以前几乎只能在书中学习思考、分析、感受，当然，还有正确表达，因为文学作品中存在并创造语言。"

"冰冻三尺，非一日之寒。"针对这场深刻、系统的国民阅读危机，普京在会上表示俄罗斯不能听之任之，必须制定支持本国文学的长期措施，应该引导社会对俄罗斯文学产生特殊的兴趣。他解释说，国家应该支持文学，因为那里总是能对社会状况作出最准确

给阅读一点时间

诊断并指出它的症结所在。俄罗斯是个文学国度,俄罗斯文学和俄语应该成为俄罗斯在思想上影响世界的强大因素。普京呼吁共同解决俄罗斯文学领域面临的问题,在国内营造环境,让受教育、博学、具有一定文学修养成为良好言谈举止的标准。此外,还要集中努力创造条件,让作家创作、恢复文学批评的传统、制定平衡的出版政策和积极使用图书馆、文学博物馆和作家博物馆的潜力,培养社会对文学的热爱。

事实上,早在十年前,时任俄罗斯总统的普京就已经发现了问题的端倪:俄罗斯的文化改革并没有跟上政治和经济改革的步伐,俄罗斯要在竞争激烈的国际环境中生存,就必须发展,而发展就需要国民具备适应复杂多变的现实的知识水平和文化水平。在这一思想主导下,2006年,俄罗斯出版与大众传媒署与俄罗斯图书联盟共同制定并发布了《国家支持与发展阅读纲要》(以下简称《纲要》)。普京要求政府制定具体的落实措施,在财力等方面提供大力支持,并宣布2007年为"俄语年",旨在向全球推广俄语世界和俄语文化的影响力,并且希望以此鼓励国民的阅读行为,重振俄语出版在世界的领导力。同时,俄罗斯图书联盟宣布2007年为俄罗斯国家阅读年,俄罗斯重振国民阅读的大幕正式拉开。

《纲要》分三个阶段实施:2007年至2010年为第一阶段,建立支持和发展阅读的组织机制与基础设施;2011年至2015年为第二阶段,对基础设施进行系统的加强;2016年至2020年为第三阶段,进一步发掘《纲要》实施的潜力,实现快速成长。《纲要》从图书馆、教育系统、阅读普及系统、书业、人才培养体系、阅读基础设施的管理系统等方面出发,一一进行了规划和要求。明确了大众传媒,特别是电视和广播在推动全民阅读中的重要作用。利用大众传媒使读书人在社会舆论中的形象与成功联系在一起,让国民明白:

国民阅读的余思

阅读是必需的、是时尚的、是体面的；不阅读是可耻的、是荒唐的。

在世人眼中，两度出任俄罗斯总统的普京是一位铁腕领袖，他对内整顿经济秩序，加强军事力量，对外拓展外交空间，维护本国利益，无论是内政外交都致力于恢复俄罗斯超级大国的地位，努力实现俄罗斯民族的伟大复兴。但他还有不为人知的另一面，普京是一位忠实的阅读爱好者，对俄罗斯文学经典如数家珍，尤其推崇陀斯妥耶夫斯基和列夫·托尔斯泰。对于外国文学，他的涉猎面也极为广泛，他对"文学硬汉"海明威情有独钟，还坦言少年时代曾一度痴迷圣·埃克絮佩里的《小王子》，读大仲马（Alexander Dumas）则到了废寝忘食的地步，此外他还喜欢歌德和海涅（Heinrich Heine）的诗歌，杰克·伦敦（Jack London）和儒勒·凡尔纳（Jules G.Verne）的小说。同时，他也钟情于哲学和传记书籍，2005年和2006年，他在国情咨文中相继引用被迫流亡海外的哲学家伊利英（Iliin）、作家索尔仁尼琴的名言。在2007年俄罗斯"中国年"的开幕式上，他用一句"同声相应，同气相求"，秀出了对中国哲学经典《易经》的了解。

铁腕治国，强硬外交，重视经济和军事，却又酷爱阅读，偏好文学和哲学，注重文化软实力，我们从普京的身上，似乎能窥见叶卡捷琳娜二世的影子。两百多年前，一个来自德意志民族的女人奠定了俄罗斯民族对于阅读狂热的传统，开启了俄罗斯黄金时代的序幕。21世纪的今天，面对由于种种原因而出现滑坡的国民阅读，极具世界影响力的领袖普京扛起了重振国民阅读和文学传统的大旗，而他本人最为推崇的偶像正是叶卡捷琳娜二世，这是历史的巧合吗？对于普京为俄罗斯民族复兴所作出的种种努力，就连一向出言不逊的老作家索尔仁尼琴也公开表达了赞赏。

 给阅读一点时间

应该说，面对同样经历着国民阅读危机的中国，俄罗斯可谓是一个极佳的参照样本。正如普京的洞见，阅读关乎国民素质，关乎国家实力和整体竞争力。因此，阅读不仅是公民之大事，更是国之大事，民族之大事。除了将"全民阅读"写入政府工作报告，推进"阅读立法"，我们要做的同样还有很多。

国民阅读的余思

阅读立法的能与不能

近年来,随着国民阅读危机的日益深重,我们与阅读社会的美好期许渐行渐远,关于全民阅读立法的呼声空前高涨。2013年"两会"期间,葛剑雄、王明明、白岩松、陈建功、何建明等115名有重要社会影响的政协委员联名签署并提交了一份《关于制定实施国家全民阅读战略的提案》,明确提出了"由全国人大制定《全民阅读法》、国务院制定《全民阅读条例》"的建议。建议认为,为全民阅读立法,就是以法律法规的形式将推动全民阅读工作纳入法制化轨道,确定政府为促进全民阅读的责任主体。

同年8月,国家新闻出版广电总局有关负责人明确表示将把全民阅读立法当作推进阅读的头等大事来抓,并草拟了《全民阅读促进条例》初稿。2014年"两会",李克强总理的政府工作报告首次将"倡导全民阅读"纳入文本,进一步推动阅读立法。同年11月、12月,湖北省和江苏省相继出台促进全民阅读的地方性法规《湖北省全民阅读促进办法》和《江苏省人大常委会关于促进全民阅读的决定》,标志着阅读立法已进入地方性实施阶段。

一时间,"阅读立法"成为媒体和学者谈论的热门话题。但对于普通百姓而言,"阅读立法"一词让人有点不知所云的感觉。因为在中国人的心中,法律和惩戒是紧密相联的,所以不少人都有这

样的困惑：全民阅读立法，我不读书难道就犯法了？要被抓进去吗？当然不是。作为一种促进型立法，它并非是对公民个体阅读内容和阅读行为的强制，而是通过明确和规范政府在全民阅读活动中的行为，促进全民阅读，更好地保障公民的阅读权利。

事实上，许多西方发达国家都将全民阅读视为国家综合实力的核心要素之一，并从国家战略的高度大力推进国民阅读。例如美国的《不让一个孩子落后法案》（2002年）、日本的《关于推进儿童读书活动的法律》（2001年）、韩国的《读书文化振兴法》（2009年）、俄罗斯的《民族阅读大纲》（2012年）等。在举国推进依法治国战略的历史性阶段，面对不断加剧的国民阅读危机，推进阅读立法无疑有着积极而重要的意义。

但从各地民众的采访意见和广大网友的讨论来看，情况并不是这么简单。即便了解了阅读立法的个中动议，许多人仍不免对此心生疑惑，或本能地排斥公共立法行为进入本属私人空间的阅读，或认为阅读立法会和"常回家看看"入法一样，陷入缺乏操作性的泥潭而成为一纸倡议，沦为另一种形式主义。平心而论，这样的担心、忧虑甚至排斥不无道理，毕竟我们有不少政策法规由于种种原因而沦为一纸空文。

在我看来，阅读立法能否发挥好它的正能量，成为建设阅读社会、书香社会的重要保障，关键在于能否回答好以下三个问题：立法推进的导向和目标是什么？通过哪些举措来确保这一立法导向和目标的推进？以及如何辩证地看待阅读立法的局限性，而不成为政府过度干预的文化政绩工程？

毋庸置疑，阅读立法自然是为了推进阅读，但就目前的境况而言，最重要的是哪些方面呢？首先是阅读率。近年来，尽管阅读率有一定的上升趋势，但总体而言一直处于低位。对于农业人口占多

国民阅读的余思

数的中国而言,无书可读依然是一个严重的问题,因此公共图书馆在国民阅读中扮演着十分重要的角色。但现实的情况显然不容乐观,《中国图书馆事业发展报告(2012)》显示,我国平均每44万人才拥有一座公共图书馆,平均每3201平方公里才拥有一座公共图书馆,2011年我国人均拥有图书仅为可怜的0.52册,也就是两个人才只有一册图书。

更令人困窘的是,根据国际图联20世纪70年代颁布的标准,每5万人应有一座公共图书馆,人均拥有藏书最少3册。40多年过去了,我们离这个国际最低标准依然相去甚远,甚至人均拥有图书最高的地区也才2.94本,依然低于国际最低水平,而人均拥有图书最低的地区仅为0.19册,简直令人咂舌。

其中,最令人堪忧的是我国儿童的图书拥有量,据朱永新先生的介绍,我国3.67亿儿童人均拥有图书1.3册,未成年人儿童读物拥有量在全世界排名第68位,是以色列的1/50,日本的1/40,美国的1/30。可见,推进阅读立法,首当其冲的是就是大力推进基础设施建设,尤其是中西部地区的公共图书馆建设,通过立法的形式来确保人均图书拥有量的提升,因为培养阅读兴趣的前提是有书可读,有好书可读。

当然,对于许多都市公民而言,书籍似乎唾手可得,甚至有些人面对着书籍的海洋而发愁。这时,阅读内容就显得至为重要了,毕竟内容才是王道。环顾四周,不少人埋头于教科书、考证辅导书、英语词典乃至职场成功学,说无人读书实在有些夸张,但这是真正的阅读吗?答案显然是否定的。

在我看来,阅读大致可以分为三种类型:第一种是基于实用的目的,比如读一些专业、职业方面的书,或者炒股、养生之类的书,如果一个人只读这样的书,我不认为他是一个有阅读习惯的

给阅读一点时间

人。第二种是出于消遣的目的,工作累了翻翻报纸,上网浏览一下新闻,看看娱乐八卦,或拿一本流行畅销读物顺手翻几下,纯粹是为了消遣和放松,这也不是我所谓的阅读。第三种才是真正的阅读,即作为精神生活的阅读。通过阅读,一个人可以感到思想上的愉悦,得到精神上的提升,从书籍中汲取精神营养,让自己的精神获得成长,内心变得丰富、充实,思想变得敏锐、深刻,这才是我们应该倡导的阅读。也只有在这个意义上,我们才可以说:一个人的阅读史就是他的精神成长史。

有人说,阅读是人类最优美的姿态。我想,他说的一定是那种真正的阅读,那种非功利性的阅读,那种与古今中外的智者对话交流的阅读。这也正应了康德的那句名言:美是一种无目的的快乐。真正的阅读包蕴着美,也是精神愉悦的源泉。因此,真正的阅读既是一个思想事件,也是一个审美事件。

事实上,这种非功利化的阅读正是诸多有识之士所倡导的。知名书评人止庵就曾说:"读书分两种,一种是功利性读书,教材、参考书都属于这种,这种阅读其实我们从来没少过。还有一种是非功利性读书,读的是无用书,不会马上给你带来好处,不会让你的身份职业有立刻的变化,但它对一个人的素质潜移默化,对精神世界施加影响,让一个人变得有趣、有品位、有文化、有见识。"放眼社会,我们并不缺少功利性的阅读,在人们的生活中缺席的,是那种并不能直接带来"好处"的非功利性阅读,这正是阅读立法所应大力倡导的。

那么,这种真正的阅读真的没有任何好处吗?绝对不是。这样的阅读不论是对于个人,还是对于国家和社会,都大有好处。培根在《论读书》(*On Reading*)中写道:"读史使人明智,读诗使人灵秀,数学使人周密,科学使人深刻,伦理学使人庄重,逻辑修

国民阅读的余思

辞之学使人善辩:凡有所学,皆成性格。"试想,明智、灵秀、周密、深刻、庄重、善辩,哪一样不是人的美好品质?社会的进步又何尝不是由这些品质所推动?

循着培根爵士的思路,我们还可以说:政治使人谋勇,哲学使人超拔,小说使人阔达,传记使人省思,评论使人卓特,艺术使人飘逸……这就印证了庄子的格言:无用之用,方为大用。目光短浅之人是绝对不会有这般见识的,他们所想要的,是即刻的回报,亦即读书为了做官,读书为了发财,读书为了考试(考证),读书为了装点门面……没错,他们只是欲望的囚徒,是虚伪的阅读者。

* * *

总而言之,真正的阅读意味着智慧的积淀、创造力的勃发以及灵魂的深度。一个有阅读习惯的人得以进入人类的精神生活传统,并在其中获取人类所创造和积累的精神财富,让自己在精神上生长和丰满起来。叔本华大致说过这样的话:人人都在生活,好像生活在同一个世界上,但实际上每个人眼中的世界是不一样的,每个人都以自己视野的极限作为世界的极限。阅读造就了世界观的巨大差异,并极大地影响着政治、科学、宗教、艺术、技术等人类各领域的成就。正是因为国民阅读所蕴含的巨大能量,西方发达国家普遍将之视为国家综合实力的核心要素之一。

据我观察,各行各业的卓越人物往往是爱好阅读的。引领世界潮流的苹果公司传奇人物史蒂夫·乔布斯就是一位资深阅读爱好者,对他的人生产生深远影响的书籍包括莎士比亚的《李尔王》(*The King Lear*),克莱顿·克里斯坦森(Clayton M.Christensen)的《创新者的困境》(*The Innovator's Dilemma: When New Technologies Cause Great Frims to Fail*),铃木俊隆(Shunryu

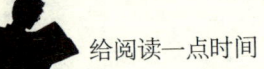 给阅读一点时间

Suzuki)的《禅者的初心》,帕拉宏撒·尤迦(Paramhansa Yogananda)的《一个瑜伽行者的自传》(*Autobiography of a Yogi*)以及赫曼·梅尔维尔(Herman Melville)的《白鲸记》(*Moby Dick*)等(据艾萨克森《乔布斯传》),同时,他对于流行的电视和电脑文化则嗤之以鼻,他曾说过这样一段话:

> 过去十年中,大量的理论研究表明,电视对人的精神和心智是有害的。大多数电视观众都知道这个坏习惯会浪费时间并且使大脑变得迟钝,但是他们还是选择呆在电视机前面。关掉电视吧,给自己省点脑细胞。还有,电脑也会让你的大脑秀逗,不信的话你去跟那些一天花8小时玩第一视角射击游戏、汽车拉力游戏、角色扮演游戏的人聊聊看,你也会得出这个结论的。

这样的话出自乔布斯——许多人认为他是神一般的存在——之口,比起一般人而言就有千百倍的说服力,而他独特的技术美学显然与他的阅读——尤其是关于禅学的阅读——密不可分。是的,美学也能改变世界。一个国家的综合国力在很大程度上取决于它的创造力和创新能力,而后者又在很大程度上取决于该国的国民素质。毫无疑问,阅读(主要是那种非功利性的阅读)在提升国民素质方面发挥着举足轻重的作用,这就是为何我国要想建成创新型国家,大力推进全民阅读是题中应有之义。

除了功利性阅读的蔓延,各种碎片化、快餐式的浅阅读也在全社会大行其道,手机阅读则是其中的典型代表。最为糟糕的是,如今的年轻一代已然将手机作为主要的阅读工具。依我所见,这个主要用于电话和短信的工具一旦用于阅读时,其结果注定是悲剧性的。因为真正的阅读需要身心的沁入,这就需要一个安静的环境,

国民阅读的余思

但手机却是一个喧嚣扰攘的媒介，一会儿来了几条微信，一会儿电话铃响了，一会儿又来了更新提示音，总之要想在手机上专注阅读几乎是不可能的事。久而久之，人在阅读时的专注力就变得空前涣散，离真正的阅读也就越来越远。

窃以为，一个人离网络（即各种网络终端）越近，就离文化越远。对此，学者周国平也有类似的表述："一个人总是上网，不读书，我认为他是没有文化的。什么叫文化？文化就是进入到人类精神生活的传统中去进行思考，而这个传统主要就存在于书籍之中。网络的长处是迅速传递当下的信息，它不让人思考。"网络从来都是喧嚣之地，在这种环境和氛围中阅读，人心也变得浮躁和不安，这是阅读的大忌。

对于阅读而言，安静是一种宝贵的资源。到过欧洲的朋友肯定知道，他们的社会是非常安静的，许多人都手捧着书籍或kindle专注地阅读，无论是在机场大厅，还是咖啡店，抑或地铁上。因为他们懂得，安静是一种极其珍贵的国家资源，阅读在安静中展开，智慧在安静中开启，灵魂在安静中反省。真正的阅读应该是安静的，这时只有思想在喧哗。我们的情况恰好相反，所有公共场合几乎都是闹哄哄的，很少有人在安静地读书。仅此一点，就折射出文明的差距有多大。

因此，作为伟大的印刷术的发明国，我们的阅读立法应该鼓励人们更多地进行纸质阅读，在安静的书页间去寻觅那份遗失的美好，在手捧书籍的优美姿态中去重建一个书香社会。也只有在纸质阅读的基础上，深阅读和慢阅读才能成为可能，后者是一种系统化、逐级递进的阅读模式，将阅读视为一种人生的修炼，一种精神的成长，从阅读中汲取信念、锤炼思想、培育品味、涵养人格。一般而言，这是社会精英所崇尚的阅读方式，显然也是阅读的较高境

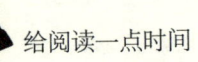
给阅读一点时间

界。对于匆忙焦虑的中国人,这或许有些奢侈。然而,正所谓"取法乎上,得乎其中",这也应该成为阅读立法所倡导和鼓励的内容,毕竟我们的目标是创新型国家和中等发达国家,没有深阅读来积蓄全民族的精神能量,就难以重现中华文明昔日的辉煌。

在具体的推进举措中,我认为有两点至关重要。一是营造全社会阅读的浓厚氛围,这就要求书籍能尽可能广泛地出现在人们的生活世界。所谓生活世界,亦即一个人在工作或劳作之余所置身的那个时空,可能是午后汇聚闲暇的公园一角,可能是平日里步履匆匆的地铁过道,可能是节假日赏心怡情的旅游景区……凡此种种,都可以有书籍的藏身之处。试想,没有处处散发书香的空间,何以成为书香社会呢?

近几年来,一种名为"24小时自助书亭"的图书空间在全国多个城市先后出现,市民只需要凭借市民卡就可以轻松借阅书籍,有人戏称它为"知识银行",着实令人眼前一亮。但遗憾的是,比起平日里随处可见的大小银行,这种"知识银行"实在还很罕见,书籍在人们的生活世界中依然处于隐遁状态。其实,我一直很困惑,为什么我们的地铁站过道内有那么多饮料自助机,却从没有自助书亭的身影。生理的口渴需要水分的补充(当然饮料并不是解渴良品),精神的饥渴更需要知识和智慧的补给。当我们生活在一个充满书籍的世界中时(包括相关的配套设施),或许就有更多的人能停下匆忙的脚步,随手取一本书而沉浸其中。

当然,情况也有较为乐观的一面,近年来政府对于独立书店的扶持力度不断加大。相较于早年间诸多知名独立书店纷纷关门歇业的窘境,近一两年来竟出现了反弹和回暖的迹象。作家签售、学者讲座、读书沙龙等渐成规模,不少独立书店已悄然成为都市文化生活不可或缺的重要组成。除却自身的创新转型,中央以及地方政府

国民阅读的余思

的重视和鼓励更是一针强心剂。2014年4月23日,李克强总理专门致信三联韬奋书店,力挺这个24小时不打烊的城市精神地标,他在信中写道:

> 为读者提供"深夜书房",这很有创意,是对"全民阅读"的生动践行,喻示在快速变革的时代仍需一种内在的定力和沉静的品格。阅读能使人常思常新。好读书,读好书,既可提升个人能力、眼界及综合素质,也会潜移默化影响一个人的文明素养,使人保持宁静致远的心境,砥砺奋发有为的情怀。读书不仅事关个人修为,国民的整体阅读水准,也会持久影响到整个社会的道德水平。

同年11月,李克强总理于百忙中走进了位于天堂杭州的知名独立书店——晓风书屋。自1996年创办以来,经历了19年风雨的晓风书屋从最初的不足25平方米,到如今拥有11家连锁店,已然成为杭州市的著名文化地标。总理在和书店老板娘朱钰芳的闲聊中,了解到晓风书屋一路走来的艰难与不易,鼓励地说:"虽然实体书店受到了网络的冲击,但是纸质书还是永远会有市场的,是文化的象征。"而当得知书店的会员超过20万人,总理笑着说:"杭州是读书人聚集的地方。"之后,总理又问起最近什么书畅销,朱钰芳推荐了韩国总统朴槿惠的传记,总理却径自看到杨绛先生的《洗澡》。离开之前,总理留下100元,买了杨绛先生的《洗澡》系列(即《洗澡》和《洗澡之后》)。在功利化阅读、浅阅读盛行的当下,总理的这一举动显然是意味深长的。

第二点举措,我认为阅读立法应高度重视儿童阅读。正如我在前文中所指出的,据科学研究表明,一个人的阅读习惯最好在12岁之前养成,否则阅读的大门可能就对他永久关闭了。正如体育、艺

给阅读一点时间

术等方面的培养规律,一个人如果在少儿时代没有养成阅读的习惯,他成为阅读爱好者的几率就不高了。这就是为何许多发达国家的阅读立法尤其侧重于儿童的原因,包括美国的《不让一个孩子落后法案》、日本的《关于推进儿童读书活动的法律》等,因为他们十分清楚一点:全民阅读,要从娃娃抓起。

当然,推进儿童阅读的前提是推进成人阅读,推进家庭阅读和亲子阅读。因为当一个人在孩童时期,家庭对他的影响是决定性的,因此我们要致力于转变成人的阅读理念,树立起家庭阅读的核心地位。如果父母不阅读,何谈亲子阅读和儿童阅读?如果父母每天沉溺于读屏读网,如何让儿童进行深阅读和经典阅读?正所谓"有所不为才能有所为",父母以身作则,不让孩童过早接触电子产品是关键,因为读屏读网更多的是短暂的感官刺激,碎片化的资讯居多,画面绚丽动感,内容良莠不齐,不利于孩子专注力和宁静心态的养成,更别说人文素养的吸收,而人类最伟大的思想通常处于离线状态,收藏在纸质书籍中。

因此,理想的愿景是以家庭阅读为基础,建立家庭、社区、学校一体化的阅读环境,明确各自的主体责任,协调一切资源共同推进。是的,推进全民阅读,没有谁是旁观者。对于学校教育而言,最关键的是要改革语文教育,让那种"尸检式"的语文教学彻底告别课堂,取而代之为一种相对自由的思想、情感和审美教育,给学生的个性以更多的包容,更加注重批判性思维的养成,让每个人的天性得以自然的舒展。当然,这早已越出阅读立法的界限,不过也正好提醒我们,阅读立法不是万能的,社会的主流价值观才是根本,家庭教育和学校教育则是它的两个支柱。如果一个社会崇尚权力、热爱金钱,那么无论怎么花大力气推进全民阅读,其收效都是甚微的。如果一个社会崇尚文化,热爱智慧,那么它必然有着浓厚

国民阅读的余思

的全民阅读氛围,如果政府能因势利导,那么成为真正的大国乃至强国就不再是梦想。

归根到底,阅读是一种私人行为,其背后是一个个重视精神生活,热爱思考,追求真善美的灵魂。在此,让我们来重温一下我在首章中给出的定义:阅读是一个人从自我(读者)出发,全身心地沁入文本(及其介质所营造的氛围中),在孤独与交会的微妙转换中与之(作者)交谈,并努力建构出新的意义(再创造),最终回归自身,完成自我的观照,实现心智的成长。一个社会要想孕育出这样的公民,归根到底是靠教育的引导,靠价值观的引领,靠文化氛围的熏陶,阅读立法只能起到辅助作用。

 给阅读一点时间

国民阅读与文化软实力

1990年，美国哈佛大学政治学教授约瑟夫·奈（Joseph S.Nye）博士提出了后来享誉世界的重要概念——"软实力"（Soft Power）。之后的20多年中，"软实力"成为冷战后世界范围内使用频率极高的一个专有名词。按照他的界定，"软实力"主要包括文化吸引力、政治价值观吸引力及塑造国际规则和决定政治议题的能力，其核心理论是："软实力"发挥作用，靠的是自身的吸引力，而不是强迫别人做不想做的事情。由于文化吸引力在"软实力"的作用发挥中具有重大影响，由其所衍生的、中国大陆使用频率更高的词汇——文化软实力——也就应运而生。

众所周知，中国在唐宋时期一度达到了文化的巅峰，尤其是两宋时代，正如史学大师陈寅恪所言："华夏民族之文化，历数千载之演进，造极于赵宋之世。"中华文化在彼时的世界影响力很大。然而，在经历了多灾多难的近代史和"文化大革命"的浩劫后，我国在过去的三四十年中尽管取得了举世瞩目的成就，但与经济、军事的硬实力相比，我们的文化软实力还较为单薄，缺乏那种以价值观为核心的文化吸引力。

面对中国的崛起，英国前首相撒切尔夫人（Margaret H.Thatcher）于20世纪80年代曾说过一段令人警觉的话："中国不

国民阅读的余思

会成为世界超级大国,因为中国今天出口的是电视机,而不是思想观念。中国的知识体系不能参与世界知识体系的建构,不能成为知识生产的大国。即使中国在快速地经济崛起,充其量也只能成为一个物质生产大国,但是在精神文化生产和创新乃至输出上仍然是个无需重视的小国。"或许是出于她的个性以及西方中心主义的立场,话说得有些极端,但这席话中所蕴含的深意却不得不让我们反思,精神文化的生产和输出才能造就一个真正的大国,如今我们离这个目标依然遥远。

必须承认的是,作为有着五千年深厚历史文化积淀和底蕴的国度,我们显然没能很好地将这些积淀和底蕴转化为文化软实力。换言之,文化资源大国并不天然就是文化软实力强国。相反,只有两百多年历史的美国却展示了极为强大的文化软实力。有识之士早已明白,美国之所以能够主导当今世界的格局,不仅仅在于它强大的经济和军事力量,更是因其极具统治性的文化软实力。事实上,一场没有硝烟的文化战争一直在悄无声息地进行着,而这场战争的主导者正是美国。

毫不夸张地说,如今所谓"文化全球化",就本质而言乃是美国文化的全球化,它的文化软实力迄今为止没有任何国家可与之相提并论。美国文化的强大首先表现在强势的政治文化,美国人一直试图将自己"自由、民主、人权"的政治文化作为"全世界的福音"而加以推广,各界精英也乐于将精心包装的"美国故事"四处兜售。而且,美国人的文化输出和影响不是依赖于低层次的说教和灌输,而是通过一波又一波的好莱坞大片、美剧、流行音乐乃至NBA的体育文化、肯德基的快餐文化等,将全世界的目光统统吸引过去,并在无声无息中完成价值观的渗透,这是非常可怕的事实。

当然,美国能做到这一点,光会讲故事还远远不够,关键是依

托其强大的文化市场和文化产业。众所周知，美国拥有多个世界著名的传媒集团，而我国除了新华社之外，其他传媒集团的影响力基本仅限于国内。在文化产业方面，中美的差距同样巨大。《文化软实力蓝皮书：中国文化软实力研究报告（2011）》指出，美国的文化产业在世界文化市场中占43%，欧盟占34%，而整个亚太地区只占19%，其中日本和韩国占有13%，我国所占的份额则低于3%。我们必须承认，当我们在全球设置孔子学院以谋求拓展文化影响力之时，美国的好莱坞电影、电视剧、流行乐、星巴克咖啡和快餐早已实现了全球的另类统治。

2014年12月，国务院副总理汪洋在美国芝加哥中美商业关系论坛上发表了题为《中美经济伙伴之路越走越宽广》的主题演讲，其中一段话耐人寻味：

> 中美是全球经济的伙伴，但引领世界的是美国。中国实行改革开放的时候，美国已经主导了世界经济的体系和规则。中国对外开放意味着我们愿意加入这个体系，基本承认这些规则，也愿意在国际经济体系中发挥建设性作用。虽然中国经济总量已位居世界第二，但仍然只有美国的55%，人均GDP只有美国的1/8。更重要的是，引领世界经济发展的关键技术、塑造世界经济秩序的各种规则仍然由美国主导。对此，我们有清醒的认识。中国既没有想法也没有能力挑战美国的领导者地位。我们只是要在与美国的合作中，让美方能更好地了解中方的想法，理解中方的国情，尊重中国人民的道路选择，不让政治制度的差异成为阻隔经济合作的障碍。

这是自1949年建国以来，我国领导人在公开场合首度承认美国在引领世界格局，引领世界经济的关键技术，主导世界经济体系和

国民阅读的余思

规则,中国没有想法也没有能力挑战美国的领导地位。这种正视客观差距的勇气和魄力体现了新一代中国领导人的外交智慧。事实上,无论是关键技术,还是经济规则,背后深层次的东西都以文化软实力——以制度文化、传媒文化和教育文化为代表——作为支撑。2015年1月,美国政治学者、智库欧亚集团(Eurasia Group)创始人伊恩•布雷默(Ian Bremmer)在接受记者访谈时,被问到"中国能成为和美国比肩的超级大国吗",这位世界政治风险分析领域专家这样说道:

> 如果远眺10年之后,中国可能超越美国成为世界最大的经济大国。但中国的军事实力也只能达到美国的很小部分。中国的外交实力、技术实力、资源的生产力、软实力、文化实力等众多方面也是如此。中国大学的水平和美国相距遥远。人民平均生活水平也将处在很低水平。所以中国即使成为超级大国,最多也是只有经济规模特别突出的超级大国。

伊恩•布雷默博士对中国的悲观预期或许失之于偏,但却隐含了一个关键信息,这也是如今国内学术界的共识:美国属于物质性成长与社会性成长结合得很好的国家,或者更准确地说是硬实力与软实力高度均衡发展的国家。正如前述,这背后是强大的国家文化,其文化产品固然重要,但最根本的还是美国民众的整体素质较高,而这种卓越的文化又不断吸引世界各地的优秀人才来到美国,正是这种"马太效应"让美国公民的整体素质越来越高,逐渐将其他国家远远甩在身后。对此,新加坡前总理李光耀曾感慨地说:"中国可以从13亿人中发掘人才,但美国却有着吸引全球60多亿人中最优秀、最聪明的人才,并把他们快速融入到多元创新的文化中去的能力。"

给阅读一点时间

2013年12月,约瑟夫·奈教授在"中国大师趋势论坛"发表了题为《软实力,改变世界的原动力》的主题演讲,他重申了自己一贯的观点:"一国真正的强大,不仅取决于硬实力,更取决于软实力。"值得注意的是,他在此次演讲中特别强调了软实力的来源:一国的软实力应该是来自于公民社会,表现在一国的文化、价值观念等方面。他认为,中国软实力最强的是传统文化层面,中国孔子、老子等哲人的思想很有感召力,目前全球有400所孔子学院在教授语言、传播文化,这是中国软实力非常成功的案例。但目前中国还没有完全发挥民间的力量,要让民间的人才在国际舞台上有更多展现中国的机会,这样中国文化才能在全球更有影响力。

是的,一国的软实力主要来自于公民社会,而不是政府,归根到底来自于一国民众的整体素质。作为享誉全球的国际竞争力研究机构,瑞士洛桑国际管理学院(IMD)的有关研究表明,国民素质与国家竞争力的相关系数在0.9以上,关联度极高。

* * *

不言而喻,国民素质又和国民阅读有着极高的关联度。因此,要勾连起国民阅读与文化软实力的内在联系,我们只需要画出如下这样一张关系图:

国民阅读——国民素质——国家文化软实力

要而言之,一个人的整体素质与他个人的涵养和修为有着莫大的关系,既来自于他所受的学校教育和家庭教育,也来自于他独处时的闲暇时光。而无论是前者,还是后者,阅读都扮演着关键的角色,是一个人涵养和修为的蓄水池。抽掉了阅读,学校教育死去大半,家庭教育半死不活,个人的闲暇时光也将黯然失色。对于一国

而言，不阅读的公民越多，这个国家的未来就越没有希望。正如有学者曾说过这样一段话，精辟地概括了阅读与个人、社会、民族和国家的关系：

> 一个人的精神发育史，应该是一个人的阅读史；而一个民族的精神境界，在很大程度上取决于全民族的阅读水平；一个社会到底是向上提升还是向下沉沦，就看阅读能植根多深；一个国家谁在看书，看哪些书，就决定了这个国家的未来。

然而，目前我国的国民阅读状况非常不容乐观，这从每年发布的国民阅读报告中就可见一斑。马来西亚《南洋商报》曾刊文指出，中国国民的阅读率已连续多年下跌，如此低的阅读率实在是与中国文化大国的称号不相称。在此，外媒十分敏锐地捕捉到国民阅读和国家文化之间的紧密联系，其间的中枢与核心便是国民素质，这一点似乎与经济的高速发展并不相称。的确，近年来关于国人种种低素质的报道不绝于耳，从埃及卢克索神像出现"到此一游"字样，到北京颐和园外墙集体小便，再到飞泰国的航班上出现中国游客殴打空姐，林林总总的负面事件远远越出了一般人的想象空间，更超出了一个现代公民的行为底线。这就不难理解，为何已故的台湾作家柏杨要写一本《丑陋的中国人》，来提醒我们身上的陋习和毛病。

近年来，我们更多地在谈创新，谈改革，谈建功立业，谈重大突破……但输入和输出是一对辩证关系，我们是否应该同样关注阅读（尤其是经典阅读）和写作、批判性思考、文化和教育生态、民间智库等重大主题，从文化生态的视角去培育文化软实力的土壤，因为这需要汇滴成涓，汇涓成流，汇流成河，汇河成海的千里之心，绝非一日之功。就阅读而言，一个社会中的作者和读者是相互

给阅读一点时间

涵养和塑造的关系，我们总是在感慨这是一个大师远去的时代，却鲜有人关心一个社会的整体文化修养。事实上，大师也是从深厚的文化土壤中孕育而出的，只有当一个社会中的公民的整体素质达到一定水平之后，才有可能产生大师。换言之，在一大群庸众之中，突然冒出一个大师的概率是微乎其微的。

若干年前，台湾作家龙应台曾写过一篇文章，题目叫《有什么样的副刊，就有什么样的社会》，说的是从《法兰克福汇报》（FAZ）的副刊去看德国中产阶级的修养和品位。要知道，这个副刊和正刊一样，是独立的一整叠，每天都有三四个全版和两个半版，内容涵盖评论、创作、文化消息等，其中评论占到2/3，包括文学批评、书评（分文学类和非文学类）、戏剧评论（舞台剧、歌剧）、艺评、影评、乐评、建筑评、摄影评、博物馆评等，加上对社会现象、大众文化、政治事件、国际关系、历史事实种种的社会批评，可见其广阔的视野和不俗的品味，绝非充斥街头书报亭的普通报刊所能比拟。

或许有人会问，这样一份"曲高和寡"的大块头副刊，何以能生存和发展呢？一如龙应台在文中的疑问：为什么副刊读者不因影视媒体的泛滥、电脑网络的兴起而减少？为什么大众的流行品位不威胁精致品位的市场？事实上，推动这份副刊发展的是团队中的33位编辑（15位博士）、9位秘书、15位副刊派出的专任驻外记者，但真正托底的是德国40万人的文化精英阶层。在一个8000万人口的国家里，这40万名读者多数是大学程度以上的中产阶级，平均年龄46岁，虽然只占总人数的1/200，但他们是德国社会中掌有知识、决策权和影响力的读者群，是整体德国社会的精英阶层和中坚力量。因此，副刊的水准和品位实际上引领了整个德国社会的风向标，也可视为德国文化软实力的一个缩影，我们可以从副刊的文学

国民阅读的余思

编辑保罗·英根代（Paul Ingendaay）的一席话中窥见一斑：

> 正因为这个世界变得太厉害、太花哨、太凌乱，无处不变，我们坚持不变，反而成为一种中流砥柱，文化的旗帜。我们副刊从来没有考虑过降低品质或怎么迎合大众口味。我们有一定的读者，而这些读者对副刊要求很高。我们只有高标准，没有低标准。

这就给我们一个很重要的启示：越是在快速变化的喧嚣时代，越要有沉静的品格，越要坚守不变和经典的东西。从德国《法兰克福汇报》副刊，到英美大学的通识教育和博雅教育，再到日本妈妈的家庭教育，如此种种，都体现了这一理念。当然，理念的背后是人才，这正是我们的社会所缺少的，试问，我们从哪里找寻这1/200的精英群体？换言之，以我们13亿的人口规模，如果有六七千万人这样的高水准、高品位的精英群体，我们的国家和社会将显现出绝然不同的成色，我们的创造力和创新水平也能比肩德国，甚至有过之而无不及。然而现实的情况却是，年销量超过十万册的书籍在我国寥寥无几，阅读和书籍在许多人的生活中处于常年缺席的窘境，这与拥有十几亿人口的大国是极不相符的。

回顾过去的一百年，人类文明的进步或许比过去一千年的总和还要多，而我们这个星球上发生的创新故事几乎都与阅读有着不解之缘。阅读和书籍不仅是文化传承的关键，更是创新的源泉。正如李克强总理所清醒地指出："把阅读作为一种生活方式，把它与工作方式相结合，不仅会增加发展的创新力量，而且会增强社会的道德力量。"这两种力量正是一个国家、一个社会得以提升和发展的重要源泉和终极力量。

给阅读一点时间

* * *

1900年,年轻的爱因斯坦从苏黎世联邦工学院(ETH Zürich)毕业即失业,他一度沦落到以做家教的形式来艰难谋生的境地。1902年,瑞士伯尔尼的报纸上,以这样一种极具讽刺意味的方式,第一次出现了爱因斯坦的名字,像极了历史开的一个玩笑:

> 提供数学物理详尽家教
> 对象:大中学生
> 老师:阿尔伯特·爱因斯坦
> ETH科技专业师范硕士
> 正义巷32号,二楼。
> 每小时3法郎,试听免费。

在这之前,爱因斯坦已经发表了两篇学术论文,但他还是个默默无名之辈。注意到这条广告的,只有两个大学生——学哲学的索洛文(Maurice Solovine)和学数学的哈比希特(Conrad Habicht),由于志趣相投,三人聊得十分投机,而使授课变成了长时间的探讨和共同学习,三个人开玩笑地将这个小团体称为"奥林匹亚科学院"(Olympia Academy of Sciences),爱因斯坦被任命为"院长",奠定他一生成就的黄金岁月就此展开。

子曰"三人行,必有我师",这个非正式组织看似自由、散漫,却有着严肃的交谈和广博的内涵。就其本质而言,是一系列基于经典阅读之上的学术沙龙,这比较接近于如今研究生教育中的seminar(研讨会),但奥林匹亚科学院的这三个年轻人所讨论的深度、广度、频度和自由度却远在seminar之上。从某种意义上说,它

国民阅读的余思

就是爱因斯坦心中最理想的大学,以至于爱翁在风烛残年之际还写下了动人的颂词《致敬不朽的奥林匹亚科学院》,其中写道:"在你的生气勃勃的短暂生涯中,你曾以孩子般的喜悦,在一切明朗而有理性的东西中寻找乐趣。……我永远忠诚于你,热爱你,直到学术生命的最后一刻!"

毫无疑问,研讨总是基于深读。"科学院"的指定阅读书目涵盖了哲学、科学、文学在内的广阔领域,诸如休谟的《人性论》(A Treatise of Human Nature)、马赫(Ernst Mach)的《感觉的分析》(The Analysis of Sensations)和《力学史评》(The Science of Mechanics)、斯宾诺莎(B.Spinoza)的《伦理学》(The Ethics)、庞加莱(Jules H. Poincare)的《科学与假设》(Science and Hypothesis)、索福克勒斯(Sophocles)的《安提戈涅》(Antigone)、塞万提斯的《堂吉诃德》等。三年多的时间里,三个年轻人经常为某一页、某一句话而争论,这种争论往往持续到深夜,甚至一连几天。

在此期间,爱因斯坦基本掌握了黎曼几何,从马赫的理论中洞察到牛顿绝对时空观是一种概念畸形,在斯宾诺莎的哲学中感受到了宇宙背后所蕴含的令人敬畏的美、和谐与自然律的统一性……这一切都构成了后来广义相对论的重要基础。在他取得伟大成就的一个世纪之后,人类依然生活在爱因斯坦的宇宙中,这个宇宙在宏观尺度上受(广义)相对论制约,在微观尺度上受量子力学制约。至于百年间的技术进步,诸如光电电池、激光、原子能、光纤、太空旅行、半导体等,更是无一不要追溯到他的伟大理论,而他一百年前对于引力波的预言,如今已被LIGO(Laser Interferometer Gravitational-Wave Observatory)证实并引发了全球性轰动。而为科学史家所公认的是,爱因斯坦的伟大思想以及这些思想所推动的

 给阅读一点时间

人类文明的飞跃,在很多程度上要归功于他在"奥林匹亚科学院"那三年多的日日夜夜,正如爱因斯坦所喜爱的哲学家休谟的名言:"真理源于朋友间的争论。"

至于当今时代的"新神",从比尔•盖茨(Bill H.Gates),到史蒂夫•乔布斯(Steve P. Jobs),再到马可•扎克伯格(Mark E.Zuckerberg),无一人不与阅读有着深厚而紧密的联系。以如今更受推崇的扎克伯格为例。在此,我不想重申他捐掉99%个人财富的善举,也无意分享他女儿降生的喜悦。我想说的是,作为Facebook的CEO——当今社交网络媒体的旗帜性人物,他对这个时代的本质和阅读的重要性有着极为深刻而敏锐的洞察,这可以从他在"脸书"个人主页上写的一段话看出:

> 阅读能使人的智力得以充实。书籍能让你完全探索一个话题,比当今多数媒体看得更深。我希望能从每天的媒体阅读更多转向读书。在这个注意力被社交媒体过度压榨和碎片化的时代,回归阅读将成为人们重建心灵秩序的第一步。

基于这种深刻的认识和领悟,扎克伯格为自己设定了2015年的新年挑战:每两周读完一本新书,着重于不同文化、信仰、历史和科技。为此,他在Facebook上还专门建立了一个名为"读书之年"(A Year of Books)的公共页面,并邀请3000万名粉丝关注。对此,他在上面写道:"我会在上面公布我正在读的书目。请大家读过这些书之后参与讨论,提出观点。"同时,他还阐述了粉丝应该共同遵守的基本要求:"在每一本书的状态下,他希望所有参与讨论的朋友都是确实已经阅读了该本书的人,并且讨论的内容仅限于书本本身。"对此,他解释道:"我希望该主页不那么火爆,只有慢下来才会保持它的初衷。"这种冷静、清晰而睿智的见解和作

国民阅读的余思

为,与我们所惯常见到的庸俗化的个人炒作、晒图和无聊点赞,不啻为天壤之别。

截至2015年底,扎克伯格总共阅读了22本书,基本完成了自己的新年挑战。其中,有《世界秩序》(World Order)、《国家为什么会失败》(Why Nations Fail)、《权力的终结》(The End of Power)等政治经济类著作,有《三体》(The Three-Body Problem)、《游戏玩家》(The Player of Games)等科幻文学作品,有《人类简史》(A Brief History of Humankind)、《历史绪论》(Muqaddimah)、《宗教经验之种种》(The Varieties of Religious Experience)等历史宗教书,有《科学革命的结构》(The Structure of Scientific Revolutions)、《基因组》(Genome)等科学经典,当然,还少不了《创意工厂:贝尔实验室与美国创新的黄金年代》(The Idea Factory: Bell Labs and the Great Age of American Innovation)、《与中国打交道》(Dealing with China)、《创新公司:皮克斯的启示》(Creativity, Inc.)等商业类书籍。通览这份年度书单,你会发现其中既有公认经典,也有优秀新书,且阅读的领域极为广泛,可以说完美地兑现了他的新年挑战:着重于不同文化、信仰、历史和科技。让人不得不对这位当今青年心中的偶像肃然起敬。

在本书行将结束之际,我还有一些余思,让我们再次回溯到爱翁的故事:事实上,我们不该忽略这个故事中的两位配角——索洛文和哈比希特。他们只是两名参加物理补习的普通大学生,索洛文是伯尔尼大学(University of Bern)哲学系的一名学生,酷爱艺术;哈比希特则是一名对数学感兴趣的小提琴家,当时是伯尔尼大学数学系的学生。是的,一位学哲学的艺术爱好者和一个学音乐的数学爱好者来到私人教师爱因斯坦家中补习数学和物理,这个故事

给阅读一点时间

对于习惯了为中考和高考而补习的中国学子而言实在过于离奇。后来，索洛文离开伯尔尼，到法国里昂大学学习，成为一名数学家；哈比希特则去了瑞士东部的希尔斯担任数学物理教师。随着两人的离去，这个永载人类科学史和教育史的"奥林匹亚科学院"也就自动解散了。

可以说，在世纪伟人爱因斯坦强大的光环下，同是"奥林匹亚科学院"成员的另两位"院士"——索洛文与哈比希特几乎都黯然失色了。但我想说的是，正是因为他们是普通大学生的身份，这个故事才有了更多更深的内涵。如果没有他们广博的兴趣、深厚的学养以及对真理孜孜以求的态度，爱因斯坦这位差点被埋没了的天才的潜能可能无法被充分激发，他们正构成了我所谓的产生大师的土壤。

令人感叹的是，这种文化生态在一百年前的瑞士已初露端倪，尤其是瑞士的阿劳中学那种自由宽松的教育氛围给爱因斯坦留下了终身难忘的印象。这就无怪乎这个中欧小国可以在各种排行榜上都名列前茅，甚至屡屡折桂。放眼如今的中国，各种大学近千所，每年的大学毕业生数以百万计，他们中的不少人也同样面临着毕业即失业的窘境，像爱因斯坦这样的伟人或许数百年才能出现一个，但我们要追问的是：能从如今的中国大学生中找到像索洛文、哈比希特这样的年轻人吗？

最后，我想说的是，所谓文化软实力，或者更全面地说，所谓国家实力，不是对像牛顿、爱因斯坦这样的旷世奇才的苦苦等待、期盼和望眼欲穿，而是致力于培育更多的像索洛文、哈比希特这样优秀的年轻人的漫长历程。

阅读——那种真正意义上的阅读，将始终贯穿在这一伟大历程之中。